Sekundarstufe

Horst Hartmann

Die Zeitformen

PRÄSENS

PRÄTERITUM

PERFEKT

PLUSQUAM-PERFEKT

FUTUR I

FUTUR II

Grundlagen der Grammatik verstehen und festigen

Die Zeitformen

Grundlagen der Grammatik vestehen und festigen

12. Auflage 2026

Inhalt: Horst Hartmann
Umschlagbilder: © Karoon Cha, volondoff & Marco2811 - AdobeStock.com
Redaktion: Kohl-Verlag
Grafik & Satz: Kohl-Verlag
Druck: farbo prepress GmbH, Köln

Bestell-Nr. 11 760

ISBN: 978-3-95686-832-0

Bildnachweise:

Jede Seite: © fotomek - Fotolia.com; Seite 6/7: © GiZGRAPHICS - Fotolia.com; Seite 11: © drubig-photo - Fotolia.com; Seite 13: © Kzenon - fotolia.com; Seite 15: © RetroClipArt - Fotolia.com; Seite 16: © grafikplusfoto - Fotolia.com; Seite 16: © Tyler Olson - Fotolia.com; Seite 18: © Trueffelpix - Fotolia.com; Seite 30: © s_l - Fotolia.com; Seite 34: © Flexmedia - Fotolia.com; Seite 35: © madpixblue - Fotolia.com; Seite 36/47: © dalaprod - Fotolia.com; Seite 44: © picsfive - Fotolia.com; Seite 44: © picsfive - Fotolia.com; Seite 45: © pathdoc - Fotolia.com; Seite 48: ©lassedesignen - Fotolia.com

Kontakt: Kohl-Verlag, An der Brennerei 37-45, 50170 Kerpen
Tel: +49 2275 331610, Mail: info@kohlverlag.de

Inhalt

Vorwort

Die Zeiten und ihre Formen stellen an den Lernenden in der deutschen Sprache im Gegensatz zu vielen anderen Sprachen eine besondere Herausforderung und erfordern immer wieder besondere Übungen und Wiederholungen.

Dieser Band fasst die wichtigen Zeiten und Zeitformen des deutschen Sprachgebrauchs in abwechslungsreichen und vielfältigen Übungen und Übungsformen zusammen. Inhaltlich orientieren sich die Text- und Satzbeispiele an den Interessen und dem Alltag der Schülerinnen und Schüler.

Im ersten Teil werden grundlegende Begriffe erarbeitet und mit einfachen Aufgaben erklärt. Regeln zur Bildung der einzelnen Zeiten werden aufgestellt und an leichten bis mittelschweren Aufgaben eingeübt. Diese Aufgaben sind absichtlich überwiegend in demselben Schema gehalten, um Automatismen zu entwickeln.

Die Übungen im differenzierenden Bereich sind dagegen bewusst abwechslungsreicher gestaltet. Hier findet man Lückentexte, Aufgaben zum Erkennen von Verben, Suchsel, kurze Texte, in denen die Zeiten erkannt oder umgeformt werden müssen und vieles mehr.

Innerhalb der Bereiche gibt es drei Schwierigkeitsstufen zur Differenzierung.

 = grundlegendes Niveau

 = mittleres Niveau

 = erweitertes Niveau

Die Aufgaben zum grundlegenden Niveau sollten von allen Schülern bearbeitet werden können. Aufgaben mit mittlerem Niveau bieten Erweiterungen und höhere Anforderungen, als das grundlegende Niveau. Die Aufgaben des erweiterten Niveaus sind sogenannte Expertenaufgaben und enthalten vertiefende oder weiterführende Aufgabenstellungen.

Entsprechend dem Spiegelbild der meisten Schulklassen ist das mittlere Niveau mit den meisten Übungen vertreten, die Sie selbstverständlich auch selber noch etwas modifizieren und dann auch in einer anderen Niveaustufe einsetzen können.

Zur Erleichterung der Arbeitskontrolle findet man am Ende des Bandes entsprechende Lösungsmöglichkeiten. Diese sind aber oft nur Vorschläge, da einige Aufgaben individuelle Lösungen zulassen.

Viel Freude und Erfolg beim Einsatz der Materialien wünschen Ihnen das Redaktionsteam des Kohl-Verlages und

Horst Hartmann

1 Verben

1.1 Vorab einige Fachbegriffe:

Konjugieren: Das Verändern des Infinitivs durch eine Person oder durch die Zeit.

Personalpronomen: Ersatzwort für eine Person, z. B.: „**er**" als Ersatzwort für „**der Mann**".

Singular (Abkürzungen Sg. oder Sing. = Einzahl): z. B. „**er**" als Ersatzwort für „**ein Mann oder der Mann**".

Plural (Abkürzungen Pl. oder Plur. = Mehrzahl): z. B.: „**sie**" als Ersatzwort für „**die Männer**".

1.2 Alles über Verben

a) Verben sagen uns, was jemand macht oder tut. Deswegen nennt man sie auch „**Tätigkeitswörter**", „**Tuwörter**" oder „**Tunwörter**". Weil Verben zusätzlich aber auch die Zeitform angeben, werden sie auch „**Zeitwörter**" genannt.

b) Jedes Verb hat einen „**Infinitiv**". Der Infinitiv ist die Grundform und endet auf -en oder -n. Diese Endung wird einfach an den Wortstamm angehängt. Wenn du ein Verb in einem Wörterbuch suchst, wirst du es immer im Infinitiv finden.

c) Den Infinitiv kann man „**konjugieren**", das heißt durch verschiedene Personen und Zeiten abwandeln. Andere Begriffe dafür sind „**beugen**", „**flektieren**" oder „**deklinieren**".

d) Weil man Verben weder sehen noch anfassen kann, werden sie **klein geschrieben**.

Es gibt jedoch **zwei Ausnahmen**:

1. Am Satzanfang schreibt man auch Verben groß.
Beispiel: Schlafen muss jeder Mensch.

2. Wenn vor dem Verb ein Begleiter (Artikel) steht, dann wird das Verb auch groß geschrieben. Denn dann wird aus dem Verb ein Hauptwort (Nomen).
Beispiel: Das Abschreiben ist in der Schule verboten.

1.3 Die Personalendungen:

	Person	Endung	Beispiele
Singular	1. Person: **ich**	**-e**	**ich** schreib**e**, **ich** lern**e**
	2. Person: **du**	**-st**	**du** schreib**st**, **du** lern**st**
	3. Person: **er/sie/es**	**-t**	**er/sie/es** schreib**t**, **er/sie/es** lern**t**
Plural	1. Person: **wir**	**-en**	**wir** schreib**en**, **wir** lern**en**
	2. Person: **ihr**	**-t**	**ihr** schreib**t**, **ihr** lern**t**
	3. Person: **sie**	**-en**	**sie** schreib**en**, **sie** lern**en**

1.4 Welche Verben gibt es?

Man unterscheidet zwischen **regelmäßigen (schwachen) Verben**, **unregelmäßigen (starken) Verben** und **gemischten Verben**.

Dazu gibt es noch **Hilfsverben** und **Modalverben**.

a) Bei „**regelmäßigen Verben**" („**schwachen Verben**") bildet man z. B. das Präteritum, indem man lediglich ein **-t** oder ein **-et** vor die Personalendung setzt.

Für das Perfekt und das Plusquamperfekt wird die Vorsilbe **ge-** vor den Wortstamm gestellt.

Beispiel: Infinitiv: red**en**. Der Wortstamm ist: **red**

	Person	Präsens	Präteritum	Perfekt	Plusquamperfekt
Sg.	1. Pers.: **ich**	red- **e**	red- et- **e**	ich habe **geredet**	ich hatte **geredet**
	2. Pers.: **du**	red- **st**	red- et- **est**	du hast **geredet**	du hattest **geredet**
	3. Pers.: **er**	red- **t**	red- et- **e**	er hat **geredet**	er hatte **geredet**
Pl.	1. Pers.: **wir**	red- **en**	red- et- **en**	wir haben **geredet**	wir hatten **geredet**
	2. Pers.: **ihr**	red- **et**	red- et- **et**	ihr habt **geredet**	ihr hattet **geredet**
	3. Pers.: **sie**	red- **en**	red- et- **en**	sie haben **geredet**	sie hatten **geredet**

Verben

b) „**Unregelmäßige Verben**" („**starke Verben**") brauchen beim Konjugieren einen anderen Stammvokal als im Infinitiv.

Beispiel: Infinitiv: les**en**. Der Wortstamm ist: **les**

	Person	Präsens	Präteritum	Perfekt	Plusquamperfekt
Sg.	1. Pers.: **ich**	les- **e**	**las**	ich habe **gelesen**	ich hatte **gelesen**
	2. Pers.: **du**	lie- **st**	las- **t**	du hast **gelesen**	du hattest **gelesen**
	3. Pers.: **er**	lies- **t**	**las**	er hat **gelesen**	er hatte **gelesen**
Pl.	1. Pers.: **wir**	les- **en**	las- **en**	wir haben **gelesen**	wir hatten **gelesen**
	2. Pers.: **ihr**	les- **t**	las- **t**	ihr habt **gelesen**	ihr hattet **gelesen**
	3. Pers.: **sie**	les- **en**	las- **en**	sie haben **gelesen**	sie hatten **gelesen**

c) „**Gemischte Verben**" Die gemischten Verben ändern (wie die **starken Verben**) im Präteritum und im Partizip II den **Stammvokal**, behalten aber in beiden Zeiten genau die gleichen **Endungen** wie **die schwachen Verben**.

Beispiele: brennen, bringen, denken, kennen, nennen, rennen, wissen.

Für das Perfekt und das Plusquamperfekt wird die Vorsilbe **ge-** vor den Wortstamm gestellt und ein **-t** hinten angehängt.

Beispiel: Infinitiv: renn**en**. Der Wortstamm ist: **renn**

	Person	Präsens	Präteritum	Perfekt	Plusquamperfekt
Sg.	1. Pers.: **ich**	renn- **e**	rann- **t- e**	ich bin gerann-t	ich war gerann-**t**
	2. Pers.: **du**	renn- **st**	rann- **t- est**	du bist gerann-t	du warst gerann-**t**
	3. Pers.: **er**	renn- **t**	rann- **t- e**	er ist gerann-**t**	er war gerann-**t**
Pl.	1. Pers.: **wir**	renn- **en**	rann- **t- en**	wir sind gerann-**t**	wir waren gerann-**t**
	2. Pers.: **ihr**	renn- **t**	rann- **t- et**	ihr seid gerann-**t**	ihr wart gerann-**t**
	3. Pers.: **sie**	renn- **en**	rann- **t- en**	sie sind gerann-**t**	sie waren gerann-**t**

Verben

d) Hilfsverben: Es gibt **3 Hilfsverben**: **sein**, **haben** und **werden**.

Hilfsverben können **nie alleine** das Prädikat eines Satzes bilden. Sie benötigen immer den Infinitiv eines Vollverbs, damit der Satz einen Sinn ergibt.

	Person	Präsens	Präteritum
Sg.	ich	**bin, habe, werde**	**war, hatte, wurde**
	du	**bist, hast, wirst**	**warst, hattest, wurdest**
	er	**ist, hat, wird**	**war, hatte, wurde**
Pl.	wir	**sind, haben, werden**	**waren, hatten, wurden**
	ihr	**seid, habt, werdet**	**wart, hattet, wurdet**
	sie	**sind, haben, werden**	**waren, hatten, wurden**

d) Modalverben

„**Modalverben**" nennt man auch „**Gefügeverben**", weil sie normalerweise nicht alleine, sondern zusammen in einem **Gefüge** mit dem Infinitiv eines **Vollverbs** stehen. Mit den Modalverben können wir dann die **Aussage** des Vollverbs **ändern**.

Es gibt 6 Modalverben: dürfen, müssen, können, mögen, sollen und wollen.
Dürfen und können drücken eine Möglichkeit oder eine Fähigkeit aus.
Mögen und wollen benutze ich, wenn ich eine Absicht habe.
Will ich eine Notwendigkeit ausdrücken, benutze ich müssen oder sollen.

Die Modalverben bilden das **Präteritum** regelmäßig. Allerdings werden im Präteritum die Umlaute **ö** und **ü** zu **o** und **u**.

Im Präsens werden die Stammvokale ebenfalls geändert.

Konjugation: **dürfen**, **müssen**

	Person	Präsens	Präteritum
Sing.	ich	**darf, muss**	**durfte, musste**
	du	**darfst, musst**	**durftest, musstest**
	er	**darf, muss**	**durfte, musste**
Plur.	wir	**dürfen, müssen**	**durften, mussten**
	ihr	**dürft, müsst**	**durftet, musstet**
	sie	**dürfen, müssen**	**durften, mussten**

1

Verben

Konjugation: **können, mögen**

	Person	Präsens	Präteritum
Sing.	**ich**	**kann, mag**	**konnte, mochte**
	du	**kannst, magst**	**konntest, mochtest**
	er	**kann, mag**	**konnte, mochte**
Plur.	**wir**	**können, mögen**	**konnten, mochten**
	ihr	**könnt, mögt**	**konntet, mochtet**
	sie	**können, mögen**	**konnten, mochten**

Konjugation: **sollen, wollen**

	Person	Präsens	Präteritum
Sing.	**ich**	**soll, will**	**sollte, wollte**
	du	**sollst, willst**	**solltest, wolltest**
	er	**soll, will**	**sollte, wollte**
Plur.	**wir**	**sollen, wollen**	**sollten, wollten**
	ihr	**sollt, wollt**	**solltet, wolltet**
	sie	**sollen, wollen**	**sollten, wollten**

Aufgabe 1: *Bilde Sätze.*

a) 1. Sg. Präs. sollen: ____________________ mir ein neues Heft kaufen.

b) 2. Sg. Präs. wollen: ____________________ von mir abschreiben.

c) 2. Sg. Prät. können: ____________________ den Mund nicht halten.

d) 3. Sg. Prät. mögen: ____________________ die Spinne nicht anfassen.

e) 3. Sg. Präs. dürfen: ____________________ heute Abend ins Kino gehen.

f) 2. Sg. Präs. müssen: ____________________ heute leider nachsitzen.

g) 1. Sg. Prät. wollen: ____________________ unbedingt die Spielekonsole haben.

h) 2. Sg. Prät. dürfen: ____________________ dir ein neues Handy kaufen.

i) 2. Pl. Präs. wollen: ____________________ den Geburtstag am Baggersee feiern.

j) 3. Pl. Prät. können: ____________________ das Fahrrad nicht mehr reparieren.

1.5 Welche Zeiten gibt es?

Zeitform	Anwendung	Schwache Verben	Starke Verben
Präsens	Ein Zustand oder eine Handlung in der Gegenwart oder eine Handlung in der Zukunft, diebereits geplant ist.	ich lache	ich helfe
		du lachst	du hilfst
		er lacht	er hilft
Gegenwart		wir lachen	wir helfen
		ihr lacht	ihr helft
		sie lachen	sie helfen
Perfekt	Eine Handlung, die in der Vergangenheit abgeschlossen war. oder eine Handlung, deren Ergebnis im Vordergrund steht	ich habe gelacht	ich habe geholfen
		du hast gelacht	du hast geholfen
		er hat gelacht	er hat geholfen
Vollendete Gegenwart		wir haben gelacht	wir haben geholfen
		ihr habt gelacht	ihr habt geholfen
		sie haben gelacht	sie haben geholfen
Präteritum	Eine abgeschlossene Handlung oder Zustand in der Vergangenheit oder Berichte und Erzählungen	ich lachte	ich half
		du lachtest	du halfst
		er lachte	er half
Vergangenheit		wir lachten	wir halfen
		ihr lachtet	ihr halft
		sie lachten	sie halfen
Plusquamperfekt	Eine Handlung, die in der Vergangenheit vor einem bestimmten Zeitpunkt stattfand.	ich hatte gelacht	ich hatte geholfen
		du hattest gelacht	du hattest geholfen
		er hatte gelacht	er hatte geholfen
Vorvergangenheit		wir hatten gelacht	wir hatten geholfen
		ihr hattet gelacht	ihr hattet geholfen
		sie hatten gelacht	sie hatten geholfen
Futur I	Eine Hoffnung oder eine Vermutung oder eine Absicht, die man für die Zukunft oder für die Gegenwart hat.	ich werde lachen	ich werde helfen
		du wirst lachen	du wirst helfen
		er wird lachen	er wird helfen
Zukunft		wir werden lachen	wir werden helfen
		ihr werdet lachen	ihr werdet helfen
		sie werden lachen	sie werden helfen
Futur II	Vermutung über oder Hoffnung auf etwas, das in der Zukunft bis zu einer bestimmten Zeit geschehen sein wird oder Vermutung über Vergangenes.	ich werde gelacht haben	ich werde geholfen haben
		du wirst gelacht haben	du wirst geholfen haben
		er wird gelacht haben	er wird geholfen haben
Vollendete Zukunft		wir werden gelacht haben	wir werden geholfen haben
		ihr werdet gelacht haben	ihr werdet geholfen haben

Präsens

2.1 Wann gebrauche ich das Präsens?

Das Präsens (die Gegenwart) ist die Zeit, die im Deutschen am häufigsten gebraucht wird.

3 Tätigkeiten werden mit dem Präsens ausgedrückt:

a) *Eine Tätigkeit, die in der Gegenwart gerade jetzt stattfindet. Aber auch Tätigkeiten, die nie stattfinden.*

Beispiel: Mark spielt Tennis. Ali spielt **nie** Tennis. Du liest **gerade** diese Beispiele.

b) *Eine Tätigkeit, die regelmäßig stattfindet.*

Beispiel: Sandra spielt **jeden Samstag** Fußball. Ali steht **jeden Morgen** früh auf. Wir fahren **jedes Jahr** in den Schwarzwald.

c) *Eine Tätigkeit, die in der Zukunft bereits geplant ist.*

Beispiel: **Nächsten Sonntag** spielt Sandra auch Fußball. **Morgen** steht Ali später auf, denn **morgen** ist Sonntag. **Nächstes Jahr** fahren wir nicht in den Schwarzwald sondern an die Ostsee.

2 Präsens

2.2 Wie bildet man das Präsens?

Alle Verben haben eine Grundform. Der Name dafür ist „**Infinitiv**“. Der Infinitiv endet immer auf **-en** oder **-n**. Um aus dem Infinitiv das Präsens zu bilden, musst du diese Endung jetzt einfach abgetrennt und durch andere Personal-Endungen ersetzen.

Aufgabe 1: *Vervollständige die Tabelle.*

	Person	Infinitive	Präsens
Sg.	1. Person	klettern, brüllen	
	2. Person	arbeiten, klagen	
	3. Person	beichten, hängen	
Pl.	1. Person	klagen, klettern	
	2. Person	brüllen, arbeiten	
	3. Person	hängen, beichten	

Aufgabe 2: *Fülle die Sprechblasen entsprechend aus.*

2. Pers. Sg.
____
kriegen

Infinitiv
____
ihr reist

3. Pers. Pl.
____
meckern

3. Pers. Sg.
____
meinen

Infinitiv
____
sie motzt

1. Pers. Pl.
____
flirten

2. Pers. Pl.
____
zocken

1. Pers. Sg.
____
lächeln

Lernen mit Erfolg KOHL VERLAG
Die Zeitformen
Grundlagen der Grammatik verstehen und festigen – Bestell-Nr. 11 760

3 Perfekt

Vorab einige Fachbegriffe:

Hilfsverben: Es gibt 3 Hilfsverben: sein, haben und werden.

Partizip II: Das Partizip II wird aus dem Verb abgeleitet. Man gebraucht es, um das Passiv, das Perfekt und das Plusquamperfekt zu bilden.

3.1 Wann gebrauche ich das Perfekt?

a) Das Perfekt (die vollendete Gegenwart) beschreibt eine Handlung, die in der Vergangenheit beendet war.

Beispiel: Gestern **hat** Tina Vokabeln **gelernt**. (Das Lernen ist jetzt beendet).

b) Mit dem Perfekt rücken wir nicht nur die Handlung, sondern auch deren Ergebnis oder Folgen in den Vordergrund.

Beispiel: Tina **hat sich vorgenommen**, ab jetzt immer die Vokabeln zu lernen. (Das ist die Folge des gestrigen Lernens).

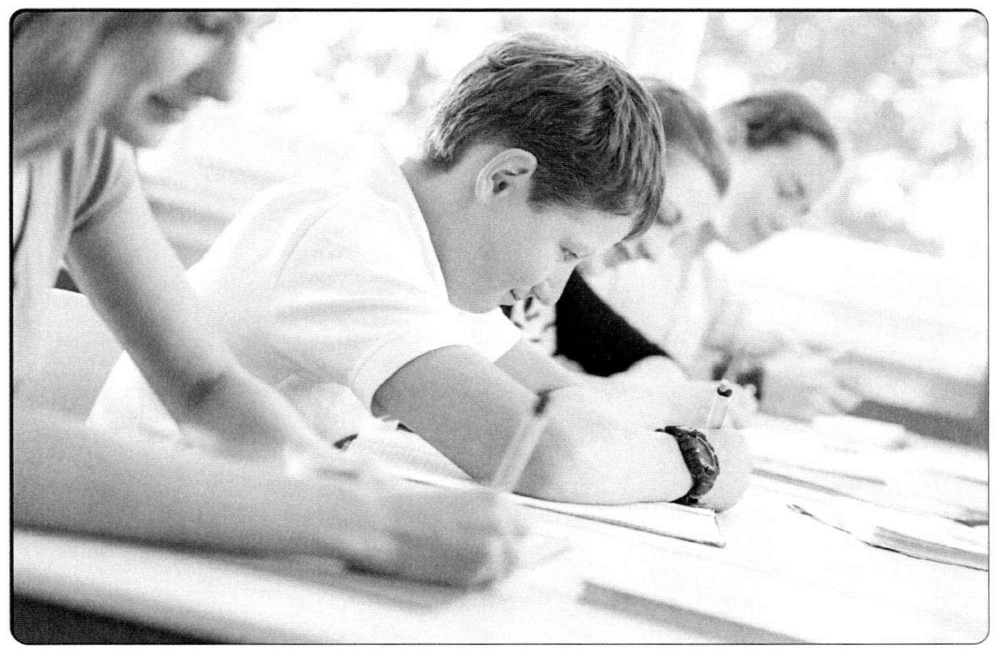

3.2 Wie bildet man das Perfekt?

Um das Perfekt zu bilden benötigst du die Hilfsverben „**sein**“ oder „**haben**“ und das **Partizip II** eines Vollverbs. Dabei steht das Hilfsverb immer an der 2. Stelle und das Partizip II am Schluss des Satzes.

Das Hilfsverb „sein“ benutzen wir in Verbindung mit allen Verben, die eine Bewegung oder eine Veränderung ausdrücken. Bei allen anderen Verben kommt das Hilfsverb „haben“ zum Einsatz. Das sind fast immer „schwache“ Verben.

3.3 Das Partizip II

Schwache und gemischte Verben bilden das Partizip II, indem man dem Wortstamm die Vorsilbe **ge-** voranstellt und dann die Endung **-t** hinten anhängt.
Beispiel: lach**en** – **ge**lach**t**

Ausnahmen von dieser Regel:
Bei Verben mit der Endung **-ieren** entfällt die Vorsilbe **ge-**.
Beispiel: prob**ieren** – probiert

Wenn das Verb auf **-d**, **-t**, **-m** oder **-n** endet, dann wird die Endung **-et** angehängt.
Beispiele: **bad**en – **ge**bad**et**, **tast**en – **ge**tast**et**, **atm**en – **ge**atm**et**, **trockn**en – **ge**trockn**et**.

Bei starken Verben setzt man ebenfalls die Vorsilbe **ge-** vor den Wortstamm. Jetzt wird aber die Endung **-en** angehängt.
Beispiele: **ru**fen – **ge**ruf**en**, helfen – **ge**holf**en**, **ess**en – **ge**gess**en**, lesen – **ge**les**en**.

3

Perfekt

Aufgabe 1: *Vervollständige die Tabelle.*

Präsenssatz	Perfektsatz
Lisa kauft sich einen Hamburger.	Lisa **hat** sich einen Hamburger **ge**kauf**t**.
Wir spielen Fußball.	
Tim schreibt von Klaus ab.	
Mein Bruder fährt mit dem Fahrrad.	
Robert springt 1,65 m hoch.	
Wir fahren Inliner.	
Warum lacht ihr?	

Aufgabe 2: *Schreibe den Text ab. Ändere dabei aber die Verben in das Perfekt um.* *Tipp: Die beiden Sätze „Ich bin schön." und „Na, welche Zeit ist das wohl?" solltest du nicht verändern, weil das wenig Sinn machen würde.*

„Gegenwart", „Vergangenheit" oder „Zukunft"?

Unsere Deutschlehrerin Frau Berger schreibt die Begriffe „Gegenwart", „Vergangenheit", und „Zukunft" an die Tafel. Dann erklärt sie uns stundenlang diese 3 Begriffe. Wir verstehen aber nur „Bahnhof".

Frau Berger versucht es mit einem Beispiel: Sie schreibt an die Tafel: „Ich bin schön." Sie dreht sich um und fragt: „Na, welche Zeit ist das wohl?"

Sandra meldet sich. „Das ist eindeutig die Vergangenheit!"

4 Präteritum

4.1 Wann gebrauche ich das Präteritum?

Das **Präteritum** (die Vergangenheit) gebrauchen wir, um auszudrücken, was in der Vergangenheit war.

a) Wir beschreiben damit eine Tätigkeit, die in der Vergangenheit stattfand und jetzt beendet ist.

b) Wir beschreiben damit eine Tatsache, die in der Vergangenheit gültig war.

<u>Beispiele</u>:

a) Zwei Beispiele für eine Tätigkeit, die in der Vergangenheit stattfand und jetzt beendet ist:
Gestern **ging ich** mit meinen Freunden ins Kino.
Dort **aßen wir** ganz viel Popkorn.

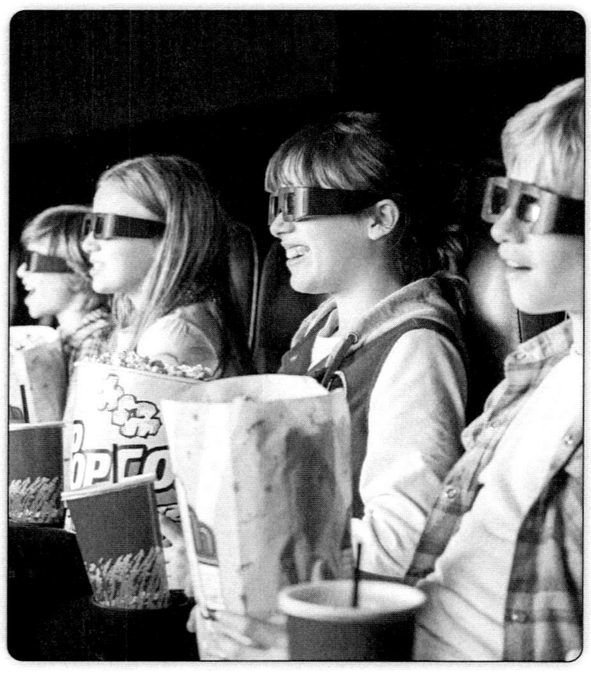

b) Zwei Beispiele für eine Tatsache, die in der Vergangenheit gültig war.
Das Wetter **war** gestern einfach super!
Unsere ganze Clique **war** am Baggersee.

4.2 Wie bildet man das Präteritum?

Um aus dem Infinitiv das Präteritum zu bilden, musst du die Endung abtrennen und durch andere Personal-Endungen ersetzen. Dabei musst du aber zwischen schwachen (regelmäßigen) und starken (unregelmäßigen) Verben unterscheiden.

„**Regelmäßige Verben**“ („**schwache Verben**“) , behalten den Stammvokal bei und bekommen im Präteritum lediglich ein **-t** oder ein **-et** vor der Personalendung angehängt.

„**Unregelmäßige Verben**“ („**starke Verben**“) haben einen anderen Stammvokal als im Infinitiv.

4.3 Das Präteritum bei regelmäßigen (schwachen) Verben.

Aufgabe 1: *Setze folgende regelmäßige Verben erst in das Präsens und dann in das Präteritum. Benutze dabei die Personalpronomen in den Klammern.*

Beispiel: basteln (3. Pers. Sing.): **er bastelt, er bastelte.**

a) rechnen (2. Pers.Sg.): ______________________, ______________________

b) bauen (1. Pers. Pl.): ______________________, ______________________

c) dösen (3. Pers.Sg.): ______________________, ______________________

d) feiern (2. Pers.Pl.): ______________________, ______________________

e) grölen (1. Pers. Sg): ______________________, ______________________

f) grillen (1. Pers. Pl.): ______________________, ______________________

g) planen (3. Pers. Pl.): ______________________, ______________________

Aufgabe 2: *Bestimme das regelmäßige Verb und schreibe es dann im Infinitiv auf.*

Beispiel: sie amüsierten sich: **3. Pers. Pl. Präteritum von amüsieren.**

a) es bastelt: ______________________________________

b) ihr bautet: ______________________________________

c) ich gestalte: ______________________________________

d) du bürstetest: ______________________________________

e) es endete: ______________________________________

f) wir empören (uns): ______________________________________

4.4 Unregelmäßige (starke) Verben

Bei „**unregelmäßigen Verben**“ („**starken Verben**“), ist es schwieriger, das Präteritum zu bilden als bei den „schwachen Verben“. Die etwa 200 „starken Verben“ haben **im Präteritum** nämlich **einen anderen Stammvokal** als im Infinitiv. Und da hilft oft nur:

FOLGENDE REGELN –

A U S W E N D I G L E R N E N !

Regel	Beispiele	Präsens	Präteritum
aus **a** wird **u**	schl**a**gen, f**a**hren	ich schl**a**ge, f**a**hre	ich schl**u**g, f**u**hr
aus **a** wird **i**	f**a**ngen, empf**a**ngen	ich f**a**nge, empf**a**nge	ich f**i**ng, empf**i**ng
aus **a** wird **ie**	r**a**ten, br**a**ten	ich r**a**te, br**a**te	ich r**ie**t, br**ie**t
aus **au** wird **ie**	l**au**fen, h**au**en	ich l**au**fe, ich h**au**e	ich l**ie**f, h**ie**b
aus **au** wird **o**	s**au**fen	Ich s**au**fe	ich s**o**ff
aus **e** wird **a**	spr**e**chen, n**e**hmen	ich spr**e**che, n**e**hme	ich spr**a**ch, n**a**hm
aus **ei** wird **i**	schn**ei**den, r**ei**ten	ich schn**ei**de, r**ei**te	ich schn**i**tt, r**i**tt
aus **ei** wird **ie**	schr**ei**ben, bl**ei**ben	ich schr**ei**be, bl**ei**be	ich schr**ie**b, bl**ie**b
aus **i** wird **a**	tr**i**nken, s**i**ngen	ich tr**i**nke, s**i**nge	ich tr**a**nk, s**a**ng
aus **ie** wird **o**	z**ie**hen, fl**ie**gen	ich z**ie**he, fl**ie**ge	ich z**o**g, fl**o**g
aus **u** wird **ie**	r**u**fen	ich r**u**fe	ich r**ie**f
aus **u** wird **a**	t**u**n	ich t**u**e	ich t**a**t

Präteritum

4.5 1. Regel:

Aus dem **a** im Wortstamm wird im **Präteritum** ein **u** oder ein **i** oder ein **ie**. Zusätzlich ändern einige dieser Verben auch noch den Stammvokal in der **3. Pers. Sing. Präsens**.

Beispiele: aus **a** wird **u**:

- tr**a**gen, er tr**ä**gt, er tr**u**g
- gr**a**ben, er gr**ä**bt, er gr**u**b

Weitere Verben, auf die diese Regel zutrifft, sind z. B.: laden, schlagen, wachsen, waschen.

Aufgabe 1: *Vervollständige die Tabelle. Benutze dabei im Präsens und im Präteritum die 3. Pers. Sing.*

Infinitiv	Präsens	Präteritum
laden		
waschen		
schlagen		
wachsen		

Beispiele: aus **a** wird **i**:

Es gibt nur **2 Verben**, auf die diese Regel zutrifft:

- f**a**ngen, er f**ä**ngt, er f**i**ng
- empf**a**ngen, er empf**ä**ngt, er empf**i**ng

Beispiele: aus **a** wird **ie**:

- schl**a**fen, er schl**ä**ft, er schl**ie**f
- l**a**ssen, er l**ä**sst, er l**ie**ß

Weitere Verben, auf die diese Regel zutrifft, sind z. B.: raten, halten, blasen, braten, fallen.

Aufgabe 2: *Vervollständige die Tabelle mit den Verben, die den Stammvokal von a nach ie ändern. Benutze dabei im Präsens und im Präteritum die 3. Pers. Sing.*

Infinitiv	Präsens	Präteritum
raten		
halten		
blasen		
braten		
fallen		

Präteritum

4.6 2. Regel:

Aus dem **<u>au</u>** im Wortstamm wird im **<u>Präteritum</u>** ein **<u>ie</u>** oder ein **<u>o</u>**.

<u>Beispiele</u>: aus **<u>au</u>** wird **<u>ie</u>**:

Es gibt nur **2 Verben**, auf die diese Regel zutrifft:

- h**<u>au</u>**en, er h**<u>au</u>**t, er h**<u>ie</u>**b (oder h**<u>au</u>**te)
- l**<u>au</u>**fen, er l**<u>äu</u>**ft, er l**<u>ie</u>**f

<u>Beispiele</u>: aus **<u>au</u>** wird **<u>o</u>**:

Es gibt nur 3 Verben, auf die diese Regel zutrifft:

- s**<u>au</u>**gen, er s**<u>au</u>**gt, er s**<u>o</u>**g (oder s**<u>au</u>**gte)
- s**<u>au</u>**fen, er s**<u>äu</u>**ft, er s**<u>o</u>**ff
- schn**<u>au</u>**ben, er schn**<u>au</u>**bt, er schn**<u>o</u>**b (oder schn**<u>au</u>**bte)

4.7 3. Regel:

Aus dem **<u>e</u>** im Wortstamm wird im **<u>Präteritum</u>** ein **<u>a</u>**.

Zusätzlich ändern einige dieser Verben auch noch den Stammvokal in der **<u>3. Pers. Sing. Präsens</u>** in ein **<u>ie</u>** oder ein **<u>i</u>**.

<u>Beispiele</u>: aus **<u>e</u>** wird **<u>a</u>**:

- st**<u>e</u>**hlen, er st**<u>ie</u>**hlt, er st**<u>a</u>**hl

Weitere Verben, auf die diese Regel zutrifft und die, die **<u>3. Pers. Sing. Präsens</u>** mit **<u>ie</u>** bilden, sind: lesen, geschehen, sehen, befehlen, empfehlen, gebären.

<u>Aufgabe 1</u>: *Vervollständige die Tabelle. Benutze dabei im Präsens und im Präteritum die 3. Pers. Sing.*

Infinitiv	Präsens	Präteritum
lesen		
geschehen		
sehen		
befehlen		
empfehlen		
gebären		

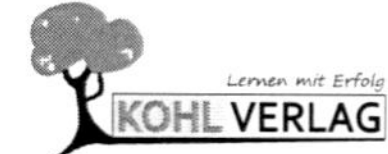

Beispiele: aus **e** wird **a**:

- brechen, er bricht, er brach

Weitere Verben, auf die diese Regel zutrifft und diejenigen, welche die **3. Pers. Sing. Präsens** mit **i** bilden, sind: vergessen, messen, treten, bergen, erschrecken, essen, fressen, geben, gelten, helfen, nehmen, schelten, bersten, sprechen, stechen, sterben, werfen, verderben, werben.

Aufgabe 1: *Vervollständige die Tabelle. Benutze dabei die 3. Pers. Sing.*

Infinitiv	Präsens	Präteritum
vergessen	er vergisst	er vergaß
treten		
werben		
essen		
sprechen		
helfen		
geben		
nehmen		
sterben		
verderben		

4.8 4. Regel:

Aus dem **ei** im Wortstamm wird im **Präteritum** ein **i**.

Diese Verben ändern ihren Stammvokal in der **3. Pers. Sing. Präsens** nicht.

Beispiele: aus **ei** wird **i**:

- beißen, er beißt, er biss

Weitere Verben, auf die diese Regel zutrifft: reiten, streiten, streichen, bleichen, gleiten, gleichen, greifen, kneifen, pfeifen, leiden, reißen, schmeißen, schleichen, schleifen, schneiden, schreiten, weichen

4 Präteritum

<u>Aufgabe 1</u>: *Vervollständige die Tabelle. Benutze dabei die 3. Pers. Sing.*

Infinitiv	Präsens	Präteritum
reiten		
gleiten		
kneifen		
pfeifen		
leiden		
streiten		
schleichen		
gleichen		
greifen		

4.9 5. Regel:

Aus dem **<u>ei</u>** im Wortstamm wird im **<u>Präteritum</u>** ein **<u>ie</u>**.

Diese Verben ändern ihren Stammvokal in der **<u>3. Pers. Sing. Präsens</u>** nicht.

<u>Beispiele</u>: aus **<u>ei</u>** wird **<u>ie</u>**:

- schr**<u>ei</u>**ben, er schr**<u>ei</u>**bt, er schr**<u>ie</u>**b

Weitere Verben, auf die diese Regel zutrifft: bleiben, heißen, treiben, steigen, scheinen, gedeihen, leihen, meiden, reiben, preisen, schreien, schweigen, speien, leiden, schneiden, weisen, verzeihen.

<u>Aufgabe 1</u>: *Vervollständige die Tabelle. Benutze dabei die 3. Pers. Sing.*

Infinitiv	Präsens	Präteritum
bleiben		
verzeihen		
schneiden		
steigen		
schreien		
leiden		
meiden		
schweigen		
leihen		
scheinen		
heißen		

4.10 6. Regel:

Aus dem **i** im Wortstamm wird im **Präteritum** ein **a**.

Diese Verben ändern ihren Stammvokal in der **3. Pers. Sing. Präsens** nicht.

Beispiele: aus **i** wird **a**:

- trinken, er trinkt, er trank

Weitere Verben, auf die diese Regel zutrifft: singen, finden, zwingen, (ein-)dringen, binden, bitten, gelingen, klingen, sitzen, ringen, schlingen, schwingen, schwinden, stinken, sinken, winden.

Aufgabe 1: *Vervollständige die Tabelle. Benutze dabei die 3. Pers. Sing.*

Infinitiv	Präsens	Präteritum
singen	er singt	er sang
zwingen		
sinken		
stinken		
winden		
klingen		
sitzen		
(ein-)dringen		
bitten		
gelingen		
schwinden		

4.11 7. Regel:

Aus dem **ie** im Wortstamm wird im **Präteritum** ein **a** oder ein **o**. Diese Verben ändern ihren Stammvokal in der **3. Pers. Sing. Präsens** nicht.

Beispiele: aus **ie** wird **a**:

- liegen, er liegt, er lag

Liegen ist das einzige Verb, bei dem der Stammvokal **ie** im Präteritum zum **a** wird.

Präteritum

Beispiele: aus **ie** wird **o**:

- kr**ie**chen, er kr**ie**cht, er kr**o**ch

Weitere Verben, auf die diese Regel zutrifft: biegen, bieten, fliegen, fliehen, gießen, genießen, frieren, riechen, schießen, schließen, triefen, sprießen, schieben, sieden, (davon-)stieben, verlieren, verdrießen, wiegen, ziehen.

Aufgabe 1: *Vervollständige die Tabelle mit den Verben, bei denen aus ie ein o wird. Benutze dabei im Präsens und im Präteritum die 3. Pers. Sing.*

Infinitiv	Präsens	Präteritum
biegen	er biegt	er bog
frieren		
ziehen		
verlieren		
schieben		
riechen		
wiegen		
triefen		
genießen		
fliehen		
fliegen		

4.12 8. Regel:

Aus dem **u** im Wortstamm wird im **Präteritum** ein **a** oder ein **ie**.

Diese Verben ändern ihren Stammvokal in der **3. Pers. Sing. Präsens** nicht.

Beispiele: aus **u** wird **a** oder **ie**:

- t**u**n, er t**u**t, er t**a**t
- r**u**fen, er r**u**ft, er r**ie**f

Tun und **rufen** sind die einzigen Verben, auf die diese Regel zutrifft.

Lernen mit Erfolg KOHL VERLAG
Die Zeitformen
Grundlagen der Grammatik verstehen und festigen – Bestell-Nr. 11 760

5 Plusquamperfekt

5.1 Wann gebrauche ich das Plusquamperfekt?

Das Plusquamperfekt (Vorvergangenheit) beschreibt eine Handlung, die **vor** einem ganz **bestimmten Zeitpunkt** in der **Vergangenheit** stattfand.

Wenn wir also einen Text in der Vergangenheitsform schreiben und ausdrücken möchten, das **vorher** schon etwas passiert ist, dann benutzen wir das Plusquamperfekt. Wenn im Hauptsatz die Vergangenheit steht (Perfekt oder Präteritum), dann steht im Nebensatz also oft das Plusquamperfekt.

Beispiel: Beim Sportfest sprang Roman erstmals über 5 m weit. (Vergangenheit)
Zuvor **hatte** er das ganze letzte Jahr über aber auch hart **trainiert**. (Vorvergangenheit)
Nachdem er das ganze letzte Jahr hart trainiert hatte, sprang Roman beim Sportfest erstmals über 5 m weit.

5.2 Wie bildet man das Plusquamperfekt?

Um das Plusquamperfekt zu bilden benötigst du die **Vergangenheitsform** (Präteritum) der Hilfsverben „**sein**“ oder „**haben**“ und das Partizip II eines Vollverbs. Dabei steht das Hilfsverb immer an der 2. Stelle und das Partizip II am Schluss des Satzes.

Das Hilfsverb „sein“ benutzen wir in Verbindung mit allen Verben, die eine Bewegung oder eine Veränderung ausdrücken. Bei allen anderen Verben kommt das Hilfsverb „haben“ zum Einsatz. Das sind fast immer „schwache“ Verben.

Plusquamperfekt

Aufgabe 1: *Schreibe den Text ab und forme dabei die unterstrichenen Verben in das Plusquamperfekt um. Denke daran, dass das Partizip II immer am Satzende steht!*

> Ich saß mit Mutter und meinem kleinen Bruder beim Frühstück. „Was ist eigentlich Wind?", fragte mein kleiner Bruder. „Wind ist Luft, die es eilig hat", antwortete ich flapsig. „Aha, und was ist dann Sturm?", warf Mutter ein. „Sturm ist Wind, der zudem auch noch unheimlich sauer ist", lachte ich.

Ich hatte mit Mutter und meinem kleinen Bruder beim Frühstück gesessen.

____

____

____

____

Aufgabe 2: *Verknüpfe 2 Handlungen aus der Vergangenheit zu einem sinnvollen Satz. Überlege dir, welche Handlung wohl zuerst stattgefunden hat.*

Beispiel:
Handlung A *Ich löste die Test-Aufgabe.*
Handlung B *Der Mathelehrer sammelte die Hefte ein.*

Ich hatte die Testaufgabe gelöst, bevor der Mathelehrer die Hefte einsammelte.

Handlung A	Handlung B
a) Der Film fing an.	Maria und Ingo kamen endlich am Kino an.
b) Ich lud mir gerade die Datei runter.	Der Rechner stürzte ab.
c) Es klingelte schon.	Ich erreichte die Schule.
d) Ich kaufte noch ein Geschenk.	Ich kam auf der Party an.
e) Es begann zu hageln.	Ich erreichte die Partyhütte.

a) ____

b) ____

c) ____

d) ____

e) ____

Futur I

6.1 Wann gebrauche ich das Futur I?

Das Futur I benutzt man, wenn man über etwas berichten will, was für die Zukunft geplant ist. Das kann sowohl eine geplante **Handlung** als auch eine **Absicht** oder auch eine **Vermutung** sein.

Auch Vermutungen für die **Gegenwart** kann man mit dem Futur I ausdrücken.

Beispiele:

- Ich werde mir eine Spielekonsole kaufen. (feste Absicht)
- Das Wetter wird morgen super werden! (Vermutung Zukunft)
- Martin wird wohl immer so chaotisch sein. (Vermutung Gegenwart)

6.2 Wie bildet man das Futur I?

Man bildet das Futur I mit dem konjugierten Hilfsverb „werden“ und einem Vollverb. Das Vollverb steht dabei immer im Infinitiv am Satzende.

Beispiele:

Im letzten Jahr waren wir im Urlaub in Italien. (Vergangenheit)
Im nächsten Jahr werden wir aber nach Österreich fahren. (Plan für die Zukunft)

Aufgabe 1: *Bilde Sätze im Futur I.*

a) Wir feiern eine Party. ______________________________

b) Meine Schwester heiratet. ______________________________

c) Unsere Klasse fährt nach Tirol. ______________________________

d) Unser Team gewinnt das Derby. ______________________________

Futur II

7.1 Wann gebrauche ich das Futur II?

Das Futur II benutzt man, wenn man über etwas berichten will, was in der Zukunft zu einem **bestimmten Zeitpunkt beendet** sein wird.

Auch die **Vermutung**, dass in der Zukunft etwas zu einem bestimmten Zeitpunkt beendet sein wird, kann man mit dem Futur II ausdrücken.

Beispiele:

- Bis zum Urlaub wird mein Bruder seinen Führerschein gemacht haben. (Tatsache)
- Er wird sich bis dahin wohl schon ein eigenes Auto gekauft haben. (Vermutung)

7.2 Wie bildet man das Futur II?

Man bildet das Futur II mit dem konjugierten Hilfsverb „werden", dem Partizip II eines Vollverbs und den Hilfsverben „sein" oder „haben". Das Partizip II steht dabei immer zusammen mit dem Hilfsverb am Satzende.

Beispiele:

- Frau Weber wird wohl schon Feierabend gemacht haben.
- Montag werde ich schon aus dem Krankenhaus entlassen worden sein.

Aufgabe 1: *Bilde Sätze im Futur II.*

a) Wir werden das Spiel gewinnen. ______________________

b) Meine Schwester liest das Buch. ______________________

c) Unser Lehrer geht in Pension. ______________________

d) Der Regen tut dem Land gut. ______________________

e) Du wirst dich bei dem Film gruseln. ______________________

Aktiv – Passiv

8.1 Wann gebrauche ich das Passiv?

Das Passiv nennt man auch die „Leideform".

Während beim **Aktiv** die **handelnde** Person oder Sache im Vordergrund steht, **wird** beim **Passiv etwas** mit einer Person oder einer Sache **gemacht**.

Nicht alle Verben können sowohl im Aktiv als auch im Passiv vorkommen.

Vorab einige Fachbegriffe:

Subjekt: das Subjekt ist die Person, die etwas tut. Das kann ein Mensch, ein Tier oder eine Sache sein.

Prädikat: das Prädikat ist immer ein Verb und drückt die Handlung aus.

Objekt: das Objekt ist das Ziel der Handlung. Es gibt ein Dativobjekt (3. Fall) und ein Akkusativobjekt (4. Fall).

Das **Akkusativobjekt** aus dem Aktivsatz wird im Passivsatz **zum Subjekt**. Wer die Handlung ausführt, ist dann oft unwichtig.

Beim **Passiv** steht die **Handlung** im Mittelpunkt. Die handelnde Person ist dabei oft unwichtig.

Das **Aktiv** hingegen betont die **Person**, die etwas **tut**. Diese Person (oder Sache oder Tier) ist dann das **Subjekt**.

Aktiv – Passiv

Beispiel:

Ein Mann hatte einen Unfall. Er ist schwer verletzt und muss ins Krankenhaus. Die Ärzte entschließen sich zu einer Operation.

Der Aktivsatz: Die Ärzte operieren den Mann.

Die Ärzte sind die handelnden, **aktiven** Personen (Subjekte). Der verletzte Mann ist das Objekt ihrer Tätigkeit. An ihm führen sie ihre Operation aus.

Aktiv:

Die Ärzte	operieren	den Mann
Subjekt	Prädikat	Objekt

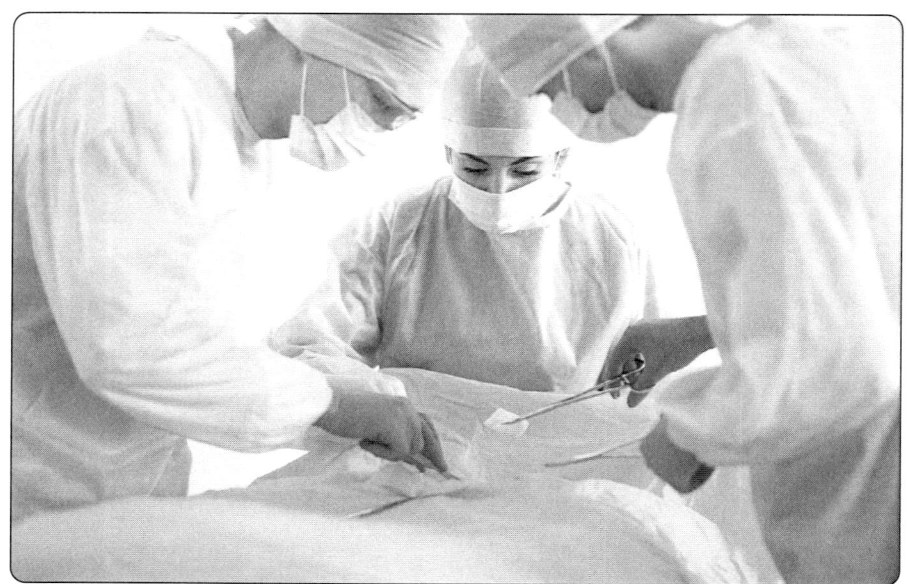

Der Passivsatz: Der Mann wird operiert.

Jetzt ist der Mann das Subjekt. Er selber **tut** aber **nichts**. Er ist **passiv**, das heißt, mit ihm wird etwas getan. Er muss die Handlung ertragen und **erleiden**. Deshalb nennt man das Passiv auch die „Leideform".

Der Mann wird operiert. Diese **Tätigkeit** steht jetzt im Mittelpunkt. Wer ihn operiert, ist erst einmal unwichtig und kann weggelassen werden..

Subjekt	Prädikat	Objekt
Passiv:		
Der Mann	wird operiert	(von den Ärzten)

8.2 Wie bildet man das Passiv?

Bei schwachen Verben wird das Passiv mit dem Hilfsverb „werden“, mit dem Präfix ge-, dem Verbstamm und der Endung -t gebildet.

Beispiel:
Aktiv: Ich kaufe das Ticket.
Passiv: Das Ticket wird gekauft.

Bei starken Verben wird das Passiv mit dem Hilfsverb „werden“, mit dem Präfix ge-, dem sogenannten „Perfektstamm“ und der Endung -en oder -t gebildet.

Der Perfektstamm wird meistens gebildet, indem das e, das i oder ie aus dem Infinitiv in ein o oder a umgewandelt wird. Es gibt aber viele Ausnahmen von dieser Regel.

Beispiele:
Aktiv: Ich lese das Buch.
Passiv: Das Buch wird (von mir) gelesen.

Aktiv: Ich bringe dir eine Cola.
Passiv: Eine Cola wird dir gebracht.

Aktiv: Wir verlieren dieses Spiel
Passiv: Dieses Spiel wird von uns verloren.

Aktiv – Passiv

Aufgabe 1: *Füge folgende Verben richtig in die Tabelle ein:*

putzen | rauchen | kochen | lernen

brauchen | hören | kaufen

Benutze im Aktiv das Personalpronomen „ich“ und im Passiv das Personalpronomen „es“.

Aktiv (Präs.)	Aktiv (Prät.)	Passiv (Präs.)	Passiv (Prät.)
ich baue	ich bau**t**e	es w**i**rd **ge**baut	es w**u**rde **ge**baut

Aufgabe 2: *Schreibe den Text ab und forme ihn dabei ins Aktiv um.*

Nur für Lehrer!

In der Schule sind vom Hausmeister vor dem Lehrerzimmer mehrere Garderobenhaken angebracht worden. Darüber wurde ein Schild an die Wand geschraubt: „Nur für Lehrer!“

Am nächsten Tag wurde von irgendjemandem ein Zettel darunter geklebt: „ Mäntel können daran aber auch aufgehängt werden!“

Übungen

Aufgabe 1: *In diesem Suchsel sind 8 Personalpronomen und 8 Verben im Infinitiv versteckt. Finde sie und markiere die Personalpronomen (z. B. rot) und die Verben (z. B. blau).*

								M	O								
							R	N	R	X							
						E	S	Q	T	M	B						
					C	V	P	H	R	H	R	T					
				X	E	B	D	H	I	R	A	K	E				
			O	F	X	L	J	N	N	U	T	Y	Q	C			
			I	L	B	I	F	H	K	X	E	E	S	B			
		R	W	Ü	Q	C	Q	N	E	D	N	K	I	X	R		
	W	U	F	S	Q	K	T	K	N	I	W	P	N	B	F	I	
	G	F	V	T	I	E	Y	H	S	F	W	L	G	G	R	L	
J	E	E	X	E	E	N	C	I	F	L	E	Y	E	O	A	E	S
T	M	N	E	R	Y	G	D	H	F	V	I	O	N	H	G	D	I
I	O	U	S	N	J	I	X	R	K	F	N	C	H	D	E	C	E
	L	E	A	V	X	I	C	E	G	T	E	S	I	J	N	W	
		R	S	S	D	W	D	S	K	S	N	N	C	F	T		
			T	W	I	R	A	I	W	Y	I	W	H	D			
						T	A	E	W	D	U						

Übungen

Aufgabe 2: *Trage die markierten Verben aus dem Suchsel in die Tabelle ein, wobei du jedem Verb ein anderes Personalpronomen zuordnest.*
Denke dir danach selber 6 weitere Verben aus, die du in die freien Zeilen der Tabelle einsetzen kannst. Die Personalpronomen dafür sind dir schon vorgegeben.

Verb	Präsens	Präteritum	Perfekt	Futur I
spielen	ich spiele	ich spielte	ich habe gespielt	ich werde spielen
		du		
	du			
	wir			
	ich			
	er			
	sie			
	ihr			

Aufgabe 3: *Unterstreiche in dem Text die Verben und forme sie dann ins Präteritum und ins Futur I um. Schreibe das Subjekt mit dazu.*

Im Deutschunterricht geht es um Präsens, Präteritum und Futur I.
Der Lehrer schreibt an die Tafel: Ich esse Gulasch mit Rotkraut und Kartoffeln.
„Welche Zeit ist das, Chantal?“ „Eine Mahlzeit, Herr Lehrer!“

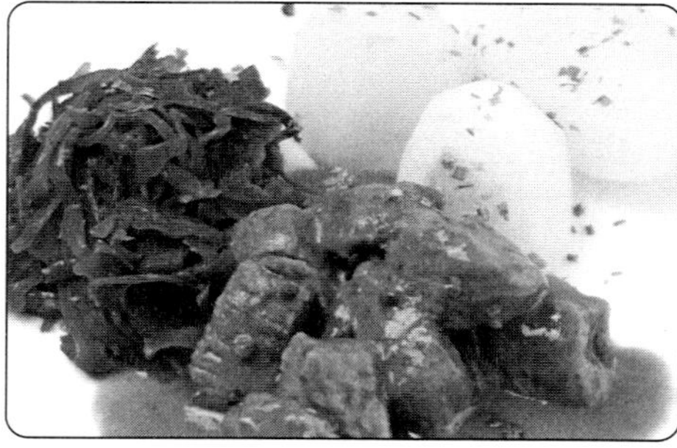

a) es geht → es ging → es wird gehen

b) ______________________________

c) ______________________________

d) ______________________________

Lernen mit Erfolg KOHL VERLAG
Die Zeitformen
Grundlagen der Grammatik verstehen und festigen – Bestell-Nr. 11 760

Übungen

Aufgabe 4: *Konjugiere den Satz „Ich lese ein spannendes Buch“ durch alle Zeiten.*

a) Präsens: Ich lese ein spannendes Buch.

b) Präteritum: ___________________________

c) Perfekt: ___________________________

d) Plusquamperfekt: ___________________________

e) Futur I: ___________________________

f) Futur II: ___________________________

Aufgabe 5: *Finde alle Verben in dem Text und unterstreiche sie.*

Auswärtsspiel

Mehmed und Sandro spielen in der Jugendmannschaft ihres Fußballvereins. Mehmed ist Torwart und Sandro gilt als ein talentierter 6er. Die beiden Jungs waren auf dem Weg zum Vereinsheim, von wo aus sie mit dem Bus zum Auswärtsspiel fahren werden.

Trainer, Betreuer und 9 Mitspieler warteten bereits vor Ort. Alle sind sehr aufgeregt, denn wenn sie dieses Auswärtsspiel gewinnen, dann werden sie auch aufsteigen. Endlich trudelten auch die Letzten ein und es konnte losgehen.

Der Trainer schnappt sich das Mikrofon, räuspert sich und hält dann seine obligatorische Ansprache: „Jungs, das packen wir heute! Wir werden uns nicht noch einmal so überraschen lassen wie im Hinspiel. Da hatten die uns ja förmlich überrollt. Diesmal sind wir vorbereitet! Marco – du wirst den Mittelstürmer in Manndeckung nehmen.

Sandro, Jonas und Philipp: Ihr macht die Räume im Mittelfeld ganz eng. Im Hinspiel hatten die da viel zu viel Platz. Ihr werdet sehen, dass denen das nicht gefallen wird.

Habt ihr alles verstanden?

Wir wollen gewinnen –
und wir werden gewinnen!

Also denn: hipp, hipp…“ - „ …hurra!!!“

Übungen

Aufgabe 6: *Unterstreiche alle Verben in dem Text.*

Tom bleibt standhaft

Natascha hat einen Bruder. Tom ist bereits 19. Trotzdem verstehen sich die beiden unheimlich gut. Eines Morgens kommt Tom von einer Party nach Hause. „Tascha, weißt du, was ich heute Nacht erlebt habe? Ich habe ein Mädel getroffen, das ich richtig süß fand. Wir haben viel getanzt und getrunken. Und dann hat sie mir einen Joint angeboten. Sie hat richtig davon geschwärmt: Du wirst ganz viele, schöne Farben sehen. Musik wird dich wie auf Flügeln in den Himmel tragen. Dein Geist wird emporschweben und du wirst dich frei und glücklich fühlen. Du wirst keine Sorgen mehr haben."

„Und – hast du ihn angenommen?"

„Ich war mir nicht ganz sicher. Ich hatte so etwas vorher ja noch nie ausprobiert. Ich glaube, ich habe einfach nur Angst gehabt. Nein – ich habe ihn nicht geraucht! Ich habe ihr gesagt, dass ich noch nie geraucht habe und dass ich auch in Zukunft nie rauchen werde. Ich glaube, damit hatte sie nicht gerechnet. Sie hat sich einfach umgedreht und ist verschwunden. Und ich werde jetzt auch davonschweben – und zwar in mein Bett. Gute Nacht, Schwesterherz!"

Aufgabe 7: *Bestimme die Zeiten der Verben in dem Text.*

1.) sie hat = 3. Pers. Sg. Präsens **2.)** er ist = ____________

3.) ____________ **4.)** ____________

5.) ____________ **6.)** ____________

7.) ____________ **8.)** ____________

9.) ____________ **10.)** ____________

11.) ____________ **12.)** ____________

13.) ____________ **14.)** ____________

15.) ____________ **16.)** ____________

17.) ____________ **18.)** ____________

19.) ____________ **20.)** ____________

21.) ____________ **22.)** ____________

23.) ____________ **24.)** ____________

25.) ____________ **26.)** ____________

27.) ____________ **28.)** ____________

29.) ____________ **30.)** ____________

Übungen

Aufgabe 1: *Füge die Infinitive in der richtigen Zeitform in die Sätze ein.*

Die richtige Antwort

Montag (sein/Präteritum) **war** der erste Schultag. Wir (bekommen/Prätertum) ____________ eine neue Klassenlehrerin. Frau Hohe (sein/Präsens) _______ noch sehr jung und (wollen/Präteritum) ____________ sich bei uns beliebt machen. „Ich (stellen/Futur I) ____________ euch jeden Morgen eine Frage ____________. Wenn ihr die beantworten (können/Präsens) ____________, (brauchen/Präsens) ______________ ihr alle keine Hausaufgaben zu machen.“ Wir (sein/Präteritum) ______________ begeistert. Aber nur, bis die erste Frage (kommen/Präteritum) ___________. „Wie viele Liter Wasser (haben/Präsens) _______ der Atlantik?“ Ratloses Schweigen. Wer (sollen) ___________ denn so etwas wissen?

Am nächsten Morgen: „Wie viele Schiffe (fahren/Perfekt) ______________ im letzten Monat auf den Weltmeeren _________________?“ Wieder (können/Präteritum) _____________ das natürlich keiner beantworten.

Heute Morgen (haben/Präteritum) ___________ Ali eine Idee. Er (legen/Präteritum) ______________ ein gebrauchtes Papiertaschentuch auf das Pult.

Frau Hohe (kommen/Präteritum) _________ wie immer gut gelaunt in die Klasse. Sie (sehen/Präteritum) _________ das Taschentuch und (fragen/Präteritum) _____________ entsetzt: „Wer (sein/Perfekt) _______ das ________________?“ Sofort (springen/Präteritum) ____________ Ali auf und (rufen/Präteritum) __________: „Ich! Und jetzt (bekommen/Präsens) _________________ wir alle keine Hausaufgaben __________________!!!“

Übungen

Aufgabe 2: *Hier sind Zeitformen der Infinitive: trinken, baden, rufen und malen versteckt. Finde und markiere sie.*

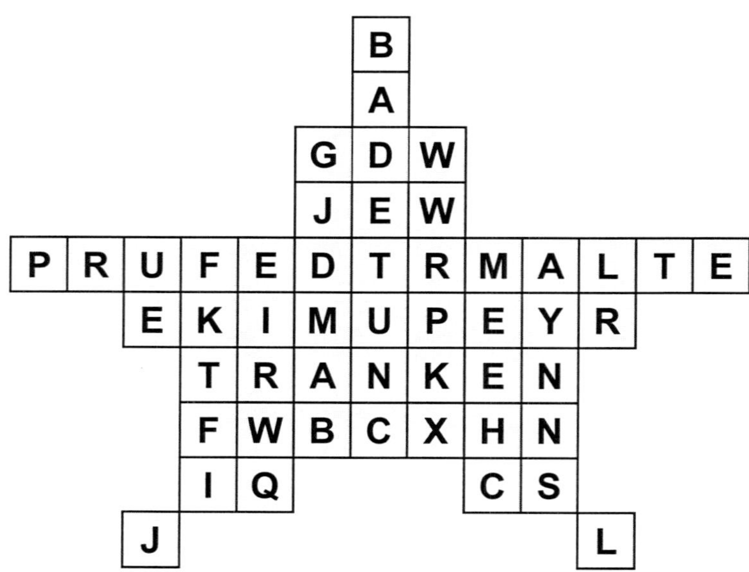

Aufgabe 3: *Ordne die gefundenen Begriffe richtig in die Tabelle ein und ordne ihnen ein passendes Personalpronomen zu.*

Präsens	Perfekt	Präteritum	Plusquamperf.	Futur I
		wir tranken		
er badet				
ich rufe				
		sie malte		

Lernen mit Erfolg KOHL VERLAG
Die Zeitformen
Grundlagen der Grammatik verstehen und festigen – Bestell-Nr. 11 760

Übungen

! **Aufgabe 4**: *Bestimme in den folgenden Sätzen die Zeit.*

Beispiel: Ich bestimme die Zeit → 1 Pers. Sg. Präsens Aktiv.

Präsens, Präteritum oder was?
Aktiv oder passiv?

a) Klaus liest ein Buch. → ____________________

b) Wir aßen eine Pommes. → ____________________

c) Der Test wurde heute nicht geschrieben. → ____________________

d) Peter, Sonja und Murat spielen Fußball. → ____________________

e) Das Auto wird morgen repariert werden. → ____________________

f) Klaus wird vergeblich auf den Bus gewartet haben. → ____________________

g) Die Buslinie wurde nämlich bestreikt. → ____________________

h) Mein Bruder hat heute Geburtstag. → ____________________

i) Feiern wird er aber erst morgen. → ____________________

j) Das war jetzt die letzte Aufgabe. → ____________________

k) Und – ist das schwer gewesen? → ____________________

Übungen

! **Aufgabe 5**: *Bestimme die Zeit und verändere diese Sätze so, dass aus der Einzahl (Singular) die Mehrzahl (Plural) wird und aus dem Plural der Singular. Benutze die richtigen Personalpronomen.*

> **Beispiel**: **Ich spiele** Fußball. = 1. Pers. Sing. Präsens
> ↓
> **Wir spielen** Fußball. = 1. Pers. Pl. Präsens

a) Er räumte sein Zimmer auf. = ______________________

______________________ = ______________________

b) Sie haben in der Eisdiele gesessen. = ______________________

______________________ = ______________________

c) Ihr werdet die Tafel geputzt haben. = ______________________

______________________ = ______________________

d) Ich konnte das nicht lesen. = ______________________

______________________ = ______________________

e) Er war mit dem Fahrrad gefahren. = ______________________

______________________ = ______________________

f) Wir werden Radio hören. = ______________________

______________________ = ______________________

g) Ihr sammeltet Sportbilder. = ______________________

______________________ = ______________________

Übungen

!

M																					
C	X			F	F																
L	H			U	R																
H	A	J	I	Y	A																
	B	Y	P	W	G																
	E	C	P	L	T																
	N	P	E	U	E																
	T	Z	W	C	O	M															
	R	G	E	R	U	F	E	N	C	J	X	W	U								
	P	O	L	T	D	S	N	J	G	M	L	M	X	M	K	P	W				
		I	Q	F	G	B	L	I	C	K	E	N	P	A	W	M	E	T			
		I	Y	U	N	M	J	S	S	K	P	T	X	S	E	K	R	M	D		
		F	L	Ü	S	T	E	R	T	E	N	I	I	R	R	F	D	N	G		
		P	V	J	T	Q	V	N	I	R	H	D	X	R	D	X	E	S	E		
			F	T	G	E	R	A	T	E	N	T	P	O	E	D	N	E	W		
			U	R	F	E	L	Y	D	N	T			U	N	E	F	V	E		
				H	C	W	B									E	L	Q	I	O	
				A	A	H												E	N	V	
				T	S	A											M	P	T	M	I
				T	I	B												M	P	M	
				E		E													L		
			I	N	Y	N												T	G		
				E	F																

Aufgabe 6: *In diesem Suchsel sind Konjugationen der Verben flüstern, rufen, fragen, blicken, raten, weinen, sein und haben versteckt. Finde die 11 Wörter und markiere sie farbig.*

! **Aufgabe 7:** *Kombiniere die gefundenen Verbformen aus dem Suchsel zu kurzen Sätzen und ordne sie der richtigen Zeit zu.*

Beispiel:		
	Präteritum:	Die Ganoven flüsterten.
	Präteritum:	Peter fragte seinen Bruder.
	Perfekt:	Die Eltern haben geweint.
	Plusquamperfekt:	Sie hatten die Polizei gerufen.
	Futur I:	Sie werden tapfer nach vorne blicken.
	Futur II:	Wir werden richtig geraten haben.

Übungen

Aufgabe 8: *Unterstreiche die Verben in dem Text, schreibe sie dann mit einem passenden Personalpronomen unten auf und bestimme die Zeit.*

Auswärtsspiel

Mehmed und Sandro spielen in der Jugendmannschaft ihres Fußballvereins. Mehmed ist Torwart und Sandro gilt als ein talentierter 6er. Die beiden Jungs waren auf dem Weg zum Vereinsheim, von wo aus sie mit dem Bus zum Auswärtsspiel fahren werden.

Trainer, Betreuer und 9 Mitspieler warteten bereits vor Ort. Alle sind sehr aufgeregt, denn wenn sie dieses Auswärtsspiel gewinnen, dann werden sie auch aufsteigen. Endlich trudelten auch die Letzten ein und es konnte losgehen.

Der Trainer schnappt sich das Mikrofon, räuspert sich und hält dann seine obligatorische Ansprache: „Jungs, das packen wir heute! Wir werden uns nicht noch einmal so überraschen lassen wie im Hinspiel. Da hatten die uns ja förmlich überrollt. Diesmal sind wir vorbereitet! Marco – du wirst den Mittelstürmer in Manndeckung nehmen.

Sandro, Jonas und Philipp: Ihr macht die Räume im Mittelfeld ganz eng. Im Hinspiel hatten die da viel zu viel Platz. Ihr werdet sehen, dass denen das nicht gefallen wird.

Habt ihr alles verstanden? Wir wollen gewinnen – und wir werden gewinnen! Also denn: hipp, hipp…“ – „ …hurra!!!“

a) sie spielen = 3. Pers. Pl. Präsens　**b)** er ist = ____

c) ____　**d)** ____

e) ____　**f)** ____

g) ____　**h)** ____

i) ____　**j)** ____

k) ____　**l)** ____

m) ____　**n)** ____

o) ____　**p)** ____

q) ____　**r)** ____

s) ____　**t)** ____

u) ____　**v)** ____

w) ____　**x)** ____

y) ____　**z)** ____

Übungen

! **Aufgabe 9:** *Ersetze die Infinitive durch die entsprechenden Konjugationen.*

Peters Favoriten

Sie (sein/Präsens) __________ eine feste Clique. John, Enrico, Peter, Murat, Celina und Sandra. Sie (sein/Präteritum) __________ schon immer ein unzertrennliches Sextett. Nur wenn die Sprache auf Fußball (kommen/Präsens) ____________, dann (sein/Präsens) ____________sie sich nicht einig. Celina, Sandra und John (halten/Präsens) ___________ zu den Blauen, Murat und Enrico jedoch zu den Roten. Und Peter (finden/Präsens) _____________ Fußball blöd.

Es (sein/Präsens) ________ kurz vor Beginn der neuen Saison, als sie mal wieder zusammensitzen.

„Ihr (sehen/Futur I) _________________________, dass ihr in dieser Saison keine Schnitte gegen uns (bekommen/Futur I) ___________________________“, tönt John. „Quatsch“, (entgegnen/Präsens) ________________ Murat. „Ihr (kassieren/Futur II) _____________ schon bei der 1. Begegnung eine deftige Niederlage ____________________. Und beim Rückspiel (feststellen/Futur I) ___________ ihr heulend __________________, dass ihr ein zweites Mal keine Chance (haben/Futur II) ___________________________ werdet.“

„Wie soll das denn gehen? Beim letzten Treffen (ausgesehen/Perfekt) ___________ ihr doch gegen uns ganz alt __________________. Wer (verlieren/Perfekt) ________ denn 0:2 _________________?“ fragt Celina.

So geht es eine Weile hin und her. Da (melden/Präsens) ____________ sich Peter zu Wort: „Von euren Vereinen (werden/Futur I) _________________keiner Meister ___________. Meine absoluten Favoriten sind in diesem Jahr die Braun-Weißen.“

Die anderen gucken sich erstaunt an. Peter und Fußball? „Wer sind denn die Braun-Weißen?“, (fragen/Präsens) _____________ Sandra ungläubig.

„Das (sagen/Futur I) ___________ ich euch erst ____________, wenn ihr mir ein großes Eis (spendieren/Perfekt) ________________________.“

Peter (bekommen/Präsens) ___________________ wunschgemäß 3 Kugeln Schoko und 3 Kugeln Zitroneneis. Nachdem er (verzehren/Plusquamperfekt) alles genüsslich ____________________________, lehnte er sich zurück und grinste: „Seht ihr – das (sein/Präteritum) ___________ die Braun-Weißen – und das (sein/Präsens) ___________ eben meine absoluten Favoriten…“

Übungen

★ **Aufgabe 1:** *Füge immer die Inhalte von je 2 Notizen zu einem sinnvollen Satz zusammen. So erhältst du 5 Sätze, die du unten aufschreibst.*

Test schreiben (Futur I)

Morgen

Zum Arzt gehen (Futur II)

Letzten Montag

Klasse wieder-holen (Perfekt)

Nächste Woche

Ins Kino gehen (Perf.)

Gestern

Im letzten Jahr

Geburtstag feiern (Plus-quamperf.)

a) ____

b) ____

c) ____

d) ____

e) ____

Übungen

Aufgabe 2: *Unterstreiche in dem Text die Verben und bilde das Präteritum, das Perfekt und das Plusquamperfekt*

Im Deutschunterricht geht es um Vorsilben. „Die Vorsilbe *-un* beschreibt immer etwas Schlechtes. So wie z. B.: Glück und Unglück. Kann mir noch jemand ein Beispiel geben?"

„Ja – Unterricht!"

a) ging, bin gegangen, war gegangen

b) ____________________, ____________________, ____________________

c) ____________________, ____________________, ____________________

d) ____________________, ____________________, ____________________

Aufgabe 3: *Unterstreiche in dem folgenden Witz alle Verben. Schreibe den Text dann ab und setze die Verben ins **Futur I**.*

*Tipp: Bei den **fett gedruckten** Verben muss das Präsens bleiben, weil es sonst keinen Sinn ergibt!*

Die Zeiten

Wir haben in der 1. Stunde Deutsch. Herr Koch, unser Deutschlehrer, kommt mal wieder zu spät. Er entschuldigt sich aber nicht, sondern kommandiert nur: „Hefte raus! Wir wiederholen die Zeiten." Präsens und Präteritum sind heute dran. Puh – ganz schön kompliziert! Herr Koch versucht es mit einem Beispiel:

„Wenn ich sage: Ich **bin** ein schöner Mann! Welche Zeit ist das dann?"

Manuela meldet sich. „Herr Koch, das **ist** ganz eindeutig Vergangenheit …"

____

____

____

____

____

____

Übungen

 **Aufgabe 4:** *Setze die Verben in der vorgegebenen Zeitform in die Lücken ein.*

Auswärtsspiel

Mehmed und Sandro (spielen/Präsens) ______________ in der Jugendmannschaft ihres Fußballvereins. Mehmed (sein/Präsens) ___________ Torwart und Sandro (gelten/Präsens) _________ als ein talentierter 6er. Die beiden Jungs (sein/ Präteritum) ____________ auf dem Weg zum Vereinsheim, von wo aus sie mit dem Bus zum Auswärtsspiel (fahren/Futur I) __________________________.

Trainer, Betreuer und 9 Mitspieler (warten/Präteritum) ____________ bereits vor Ort. Alle (sein/Präsens) ___________ sehr aufgeregt, denn wenn sie dieses Auswärtsspiel (gewinnen/Präsens) _______________, dann (aufsteigen/Futur I) ____________ sie auch ___________________. Endlich (eintrudeln/Präteritum) ______________ auch die Letzten ________ und es (können/Präteritum) _____________ losgehen.

Der Trainer (schnappen/Präsens) _________________ sich das Mikrofon, (räuspern/Präsens) __________________ sich und (halten/Präsens) ____________ dann seine obligatorische Ansprache: „Jungs, das (packen/Präsens) _______________ wir heute! Wir (überraschen lassen/Futur I) ____________ uns nicht noch einmal so _______________________ wie im Hinspiel. Da (überrollen/Plusquamperfekt) ___________ die uns ja förmlich _________________. Diesmal (sein/Präsens) _________ wir vorbereitet! Marco – du (nehmen/Futur I) ____________ den Mittelstürmer in Manndeckung _________________. Sandro, Jonas und Philipp: Ihr (machen/Präsens) _________________ die Räume im Mittelfeld ganz eng. Im Hinspiel (haben/Präteritum) ______________ die da viel zu viel Platz. Ihr (sehen/Futur I) _________________________, dass denen das nicht (gefallen/ Futur I) __________________________.

Verstehen/Perfekt) ___________ ihr alles _________________? Wir (wollen/Präsens) ________________ gewinnen – und wir (gewinnen/Futur I) ____________________________! Also denn: hipp, hipp…“ – „…hurra!!!“

Übungen

 **Aufgabe 5**: *Forme den ersten Teil der Geschichte den Vorgaben entsprechend um.*

Tom bleibt standhaft

Teil 1

Präsens: Natascha hat einen Bruder. Er heißt Tom und ist bereits 19. Trotzdem verstehen sich die beiden unheimlich gut. Eines Morgens kommt Tom von einer Party nach Hause und weckt seine Schwester.

Präteritum: Natascha hatte einen Bruder. Er ______________________________

____

____

____

____

Perfekt: „Tascha, ich habe heute Nacht etwas Ungewöhnliches erlebt. Ich habe ein Mädel getroffen, das ich richtig süß fand. Wir haben viel getanzt und getrunken. Und dann hat sie mir einen Joint angeboten. Sie hat richtig davon geschwärmt!"

Plusquamperfekt: ______________________________________

____

____

____

____

Futur I: „Du wirst ganz viele, schöne Farben sehen. Musik wird dich wie auf Flügeln in den Himmel tragen. Dein Geist wird emporschweben und du wirst dich frei und glücklich fühlen. Du wirst keine Sorgen mehr haben. Alles wird gut werden."

Futur II: ____

____

____

____

____

Übungen

 **Aufgabe 6:** *Fülle die Tabelle mit den Verben des zweiten Teils der Geschichte entsprechend aus.*

Tom bleibt standhaft

Teil 2

„Und – hast du ihn angenommen?"

„Ich wollte schon. Aber ich war mir nicht ganz sicher. Ich habe so etwas vorher ja noch nie ausprobiert. Ich glaube, ich habe einfach nur Angst gehabt. Nein – ich habe ihn nicht geraucht! Ich habe ihr gesagt, dass ich noch nie geraucht habe und dass ich auch in Zukunft nie rauchen werde.

Ich glaube, damit hatte sie nicht gerechnet. Sie hat sich einfach umgedreht und ist verschwunden. Vorher hatte sie mir aber noch einmal ganz tief in die Augen geschaut."

„Wo sie jetzt wohl sein wird?"

„Sie wird wohl nach Hause gegangen sein. Oder richtiger: Sie wird wohl selber zu viel geraucht haben und in den Himmel entschwebt sein. Ich glaube nicht, dass ich sie jemals wieder treffen werde.

Und ich werde jetzt auch davonschweben – und zwar in mein Bett. Gute Nacht, Schwesterherz!"

Zeit	Verbkonjugationen
Präsens	ich glaube
Perfekt	
Präteritum	
Plusquamperfekt	
Futur I	
Futur II	

Lernen mit Erfolg KOHL VERLAG Die Zeitformen
Grundlagen der Grammatik verstehen und festigen – Bestell-Nr. 11 760

Die Lösungen

Seite 9 **Aufgabe 1:**

a) Ich soll mir ein neues Heft kaufen.
b) Du willst von mir abschreiben.
c) Du konntest den Mund nicht halten.
d) Sie mochte die Spinne nicht anfassen.
e) Sie darf heute Abend ins Kino gehen.
f) Du musst heute leider nachsitzen.
g) Ich wollte unbedingt die Spielekonsole haben.
h) Du durftest dir ein neues Handy kaufen.
i) Ihr wollt den Geburtstag am Baggersee feiern.
j) Sie konnten das Fahrrad nicht mehr reparieren.

Seite 12 **Aufgabe 1:**

	Person	Infinitive	Präsens
Sg.	1. Person	klettern, brüllen	**ich klettere, ich brülle**
	2. Person	arbeiten, klagen	**du arbeitest, du klagst**
	3. Person	beichten, hängen	**er beichtet, er hängt**
Pl.	1. Person	klagen, klettern	**wir klagen, wir klettern**
	2. Person	brüllen, arbeiten	**ihr brüllt, ihr arbeitet**
	3. Person	hängen, beichten	**sie hängen, sie beichten**

Aufgabe 2: du kriegst, reisen, sie meckern, er, sie, es meint, motzen, wir flirten, ihr zockt, ich lächele

---

Seite 15 **Aufgabe 1:**

Präsenssatz	Perfektsatz
Lisa kauft sich einen Hamburger.	Lisa hat sich einen Hamburger gekauft.
Wir spielen Fußball.	Wir haben Fußball gespielt.
Tim schreibt von Klaus ab.	Tim hat von Klaus abgeschrieben.
Mein Bruder fährt mit dem Fahrrad.	Mein Bruder ist mit dem Fahrrad gefahren.
Robert springt 1,65 m hoch.	Robert ist 1,65 m hoch gesprungen.
Wir fahren Inliner.	Wir sind Inliner gefahren.
Warum lacht ihr?	Warum habt ihr gelacht?

Aufgabe 2: Unsere Deutschlehrerin Frau Berger hat die Begriffe „Gegenwart", „Vergangenheit", und „Zukunft" an die Tafel geschrieben. Dann hat sie uns stundenlang diese 3 Begriffe erklärt. Wir haben aber nur „Bahnhof" verstanden.
Frau Berger hat es mit einem Beispiel versucht: Sie hat an die Tafel geschrieben: „Ich bin schön." Sie hat sich umgedreht und hat gefragt: „Na, welche Zeit ist das wohl?" Sandra hat sich gemeldet: „Das ist eindeutig die Vergangenheit!"

Seite 17 **Aufgabe 1:**

a) du rechnest, du rechnetest
b) wir bauen, wir bauten
c) er döst, er döste
d) ihr feiert, ihr feiertet
e) ich gröle, ich grölte
f) wir grillen, wir grillten
g) sie planen, sie planten

Aufgabe 2:

a) es bastelt: 3. Pers. Sing. Präsens von basteln
b) ihr bautet: 2. Pers. Pl. Präteritum von bauen
c) ich gestalte: 1. Pers. Sing. Präsens von gestalten
d) du bürstetest: 2. Pers. Sing. Präteritum von bürsten
e) es endete: 3. Pers. Sing. Präteritum von enden
f) wir empören (uns): 1. Pers. Pl. Präsens von empören

Seite 19 **Aufgabe 1:**

Infinitiv	Präsens	Präteritum
laden	er lädt	er lud
waschen	er wäscht	er wusch
schlagen	er schlägt	er schlug
wachsen	er wächst	er wuchs

Aufgabe 2:

Infinitiv	Präsens	Präteritum
raten	er rät	er riet
halten	er hält	er hielt
blasen	er bläst	er blies
braten	er brät	er briet
fallen	er fällt	er fiel

Die Lösungen

Seite 20 **Aufgabe 1:**

Infinitiv	Präsens	Präteritum
lesen	er liest	er las
geschehen	es geschieht	es geschah
sehen	sie sieht	sie sah
befehlen	er befiehlt	er befahl
empfehlen	er empfiehlt	er empfahl
gebären	sie gebiert	sie gebar

Seite 21 **Aufgabe 1:**

Infinitiv	Präsens	Präteritum
vergessen	er vergisst	er vergaß
treten	er tritt	er trat
werben	er wirbt	er warb
essen	er isst	er aß
sprechen	er spricht	er sprach
helfen	er hilft	er half
geben	er gibt	er gab
nehmen	er nimmt	er nahm
sterben	er stirbt	er starb
verderben	es verdirbt	es verdarb

Seite 22 **Aufgabe 1:**

Infinitiv	Präsens	Präteritum
reiten	er reitet	er ritt
gleiten	er gleitet	er glitt
kneifen	er kneift	er kniff
pfeifen	er pfeift	er pfiff
leiden	er leidet	er litt
streiten	er streitet	er stritt
schleichen	er streicht	er strich
gleichen	er gleicht	er glich
greifen	er greift	er griff

Aufgabe 2:

Infinitiv	Präsens	Präteritum
bleiben	er bleibt	er blieb
verzeihen	er verzeiht	er verzieh
schneiden	er schneidet	er schnitt
steigen	er steigt	er stieg
schreien	er schreit	er schrie
leiden	er leidet	er litt
meiden	er meidet	er mied
schweigen	er schweigt	er schwieg
leihen	er leiht	er lieh
scheinen	er scheint	er schien
heißen	er heißt	er hieß

Seite 23 **Aufgabe 1:**

Infinitiv	Präsens	Präteritum
singen	er singt	er sang
zwingen	er zwingt	er zwang
sinken	er sinkt	er sank
stinken	er stinkt	er stank
winden	er windet	er wand
klingen	er klingt	er klang
sitzen	er sitzt	er saß
(ein-)dringen	er dringt ein	er drang ein
bitten	er bittet	er bat
gelingen	er gelingt	er gelang
schwinden	er schwindet	er schwand

Die Lösungen

Seite 24 **Aufgabe 1:**

Infinitiv	Präsens	Präteritum
biegen	er biegt	er bog
frieren	er friert	er fror
ziehen	er zieht	er zog
verlieren	er verliert	er verlor
schieben	er schiebt	er schob
riechen	er riecht	er roch
wiegen	er wiegt	er wog
triefen	er trieft	er triefte
genießen	er genießt	er genoss
fliehen	er flieht	er floh
fliegen	er fliegt	er flog

Seite 26 **Aufgabe 1:**

Ich hatte mit Mutter und meinem kleinen Bruder beim Frühstück gesessen. „Was ist eigentlich Wind?“, hatte mein kleiner Bruder gefragt. „Wind ist Luft, die es eilig hat“, hatte ich flapsig geantwortete. „Aha, und was ist dann Sturm?“, hatte Mutter eingeworfen. „Sturm ist Wind, der zudem auch noch unheimlich sauer ist“, hatte ich gelacht.

Aufgabe 2:

Individuelle Lösung, z. B.:
a) Der Film hatte schon angefangen, als Maria und Ingo endlich am Kino ankamen.
b) Ich hatte mir die Datei gerade runtergeladen, als der Rechner abstürzte.
c) Es hatte schon geklingelt, als ich die Schule erreichte.
d) Bevor ich auf der Fete ankam, hatte ich noch ein Geschenk gekauft.
e) Bevor ich die Partyhütte erreichte, hatte es zu hageln begonnen.

Seite 27 **Aufgabe 1:**

a) Wir werden eine Party feiern.
b) Meine Schwester wird heiraten.
c) Unsere Klasse wird nach Tirol fahren.
d) Unser Team wird das Derby gewinnen.

Seite 28 **Aufgabe 1:**

a) Wir werden das Spiel gewonnen haben.
b) Meine Schwester wird das Buch gelesen haben.
c) Unser Lehrer wird in Pension gegangen sein.
d) Der Regen wird dem Land gut getan haben.
e) Du wirst dich bei dem Film gegruselt haben.

Seite 32 **Aufgabe 1:**

Aktiv (Präs.)	Aktiv (Prät.)	Passiv (Präs.)	Passiv (Prät.)
ich baue	ich baute	es wird gebaut	es wurde gebaut
ich putze	**ich putzte**	**es wird geputzt**	**es wurde geputzt**
ich rauche	**ich rauchte**	**es wird geraucht**	**es wurde geraucht**
ich koche	**ich kochte**	**es wird gekocht**	**es wurde gekocht**
ich lerne	**ich lernte**	**es wird gelernt**	**es wurde gelernt**
ich brauche	**ich brauchte**	**es wird gebraucht**	**es wurde gebraucht**
ich höre	**ich hörte**	**es wird gehört**	**es wurde gehört**
ich kaufe	**ich kaufte**	**es wird gekauft**	**es wurde gekauft**

Aufgabe 2:

Nur für Lehrer!
Der Hausmeister hat in der Schule vor dem Lehrerzimmer mehrere Garderobenhaken angebracht. Darüber hat er ein Schild an die Wand geschraubt: „Nur für Lehrer!“. Am nächsten Tag hat irgendjemand einen Zettel darunter geklebt: „Mäntel kann man daran aber auch aufhängen!“

Die Lösungen

Seite 33 Aufgabe 1:

								M	O								
							R	N	R	X							
						E	S	Q	T	M	B						
					C	V	P	H	R	H	R	T					
				X	E	B	D	H	I	R	A	K	E				
			O	F	X	L	J	N	N	U	T	Y	Q	C			
			I	L	B	I	F	H	K	X	E	E	S	B			
		R	W	Ü	Q	C	Q	N	E	D	N	K	I	X	R		
	W	U	F	S	Q	K	T	K	N	I	W	P	N	B	F	I	
	G	F	V	T	I	E	Y	H	S	F	W	L	G	G	R	L	
J	E	E	X	E	E	N	C	I	F	L	E	Y	E	O	A	E	S
T	M	N	E	R	Y	G	D	H	F	V	I	O	N	H	G	D	I
I	O	U	S	N	J	I	X	R	K	F	N	C	H	D	E	C	E
	L	E	A	V	X	I	C	E	G	T	E	S	I	J	N	W	
		R	S	S	D	W	D	S	K	S	N	N	C	F	T		
			T	W	I	R	A	I	W	Y	I	W	H	D			
						T	A	E	W	D	U						

Seite 34 Aufgabe 2: Individuelle Lösung, z. B.:

Verb	Präsens	Präteritum	Perfekt	Futur I
spielen	ich spiele	ich spielte	ich habe gespielt	ich werde spielen
rufen	du rufst	du riefst	du hast gerufen	du wirst rufen
flüstern	er flüstert	er flüsterte	er hat geflüstert	er wird flüstern
fragen	sie fragen	sie fragten	sie haben gefragt	sie werden fragen
blicken	es blickt	es blickte	es hat geblickt	es wird blicken
raten	wir raten	wir rieten	wir haben geraten	wir werden raten
weinen	ihr weint	ihr weintet	ihr habt geweint	ihr werdet weinen
singen	sie singen	sie sangen	sie haben gesungen	sie werden singen
schreiben	du schreibst	du schriebst	du hast geschrieben	du wirst schreiben
lesen	wir lesen	wir lasen	wir haben gelesen	wir werden lesen
rechnen	ich rechne	ich rechnete	ich habe gerechnet	ich werde rechnen
tanzen	er tanzt	er tanzte	er hat getanzt	er wird tanzen
schlafen	sie schlafen	sie schliefen	sie haben geschlafen	sie werden schlafen
trinken	ihr trinkt	ihr trankt	ihr habt getrunken	ihr werdet trinken

Aufgabe 3:

a) Es geht → es ging → es wird gehen.
b) Der Lehrer schreibt → der Lehrer schrieb → der Lehrer wird schreiben.
c) Ich esse → ich aß → ich werde essen.
d) Das ist → das war → das wird sein.

Seite 35 Aufgabe 4:

a) Ich lese ein spannendes Buch.
b) Ich las ein spannendes Buch.
c) Ich habe ein spannendes Buch gelesen.
d) Ich hatte ein spannendes Buch gelesen.
e) Ich werde ein spannendes Buch lesen.
f) Ich werde ein spannendes Buch gelesen haben.

Aufgabe 5:

Auswärtsspiel: Mehmed und Sandro spielen in der Jugendmannschaft ihres Fußballvereins. Mehmed ist Torwart und Sandro gilt als ein talentierter 6er. Die beiden Jungs waren auf dem Weg zum Vereinsheim, von wo aus sie mit dem Bus zum Auswärtsspiel fahren werden. Trainer, Betreuer und 9 Mitspieler warteten bereits vor Ort. Alle sind sehr aufgeregt, denn wenn sie dieses Auswärtsspiel gewinnen, dann werden sie auch aufsteigen. Endlich trudelten auch die Letzten ein und es konnte losgehen. Der Trainer schnappt sich das Mikrofon, räuspert sich und hält dann seine obligatorische Ansprache: „Jungs, das packen wir heute! Wir werden uns nicht noch einmal so überraschen lassen wie im Hinspiel. Da hatten die uns ja förmlich überrollt. Diesmal sind wir vorbereitet! Marco – du wirst den Mittelstürmer in Manndeckung nehmen. Sandro, Jonas und Philipp: ihr macht die Räume im Mittelfeld ganz eng. Im Hinspiel hatten die da viel zu viel Platz. Ihr werdet sehen, dass denen das nicht gefallen wird. Habt ihr alles verstanden? Wir wollen gewinnen – und wir werden gewinnen! Also denn: hipp, hipp…" – „…hurra!!!"

Die Lösungen

◉ **Seite 36** **Aufgabe 6:**

Tom bleibt standhaft: Natascha hat einen Bruder.Tom ist bereits 19. Trotzdem verstehen sich die beiden unheimlich gut. Eines Morgens kommt Tom von einer Party nach Hause. „Tascha, weißt du, was ich heute Nacht erlebt habe? Ich habe ein Mädel getroffen, das ich richtig süß fand. Wir haben viel getanzt und getrunken. Und dann hat sie mir einen Joint angeboten. Sie hat richtig davon geschwärmt: Du wirst ganz viele, schöne Farben sehen. Musik wird dich wie auf Flügeln in den Himmel tragen. Dein Geist wird emporschweben und du wirst dich frei und glücklich fühlen. Du wirst keine Sorgen mehr haben." „Und – hast du ihn angenommen?" „Ich war mir nicht ganz sicher. Ich hatte so etwas vorher ja noch nie ausprobiert. Ich glaube, ich habe einfach nur Angst gehabt. Nein – ich habe ihn nicht geraucht! Ich habe ihr gesagt, dass ich noch nie geraucht habe und dass ich auch in Zukunft nie rauchen werde. Ich glaube, damit hatte sie nicht gerechnet. Sie hat sich einfach umgedreht und ist verschwunden. Und ich werde jetzt auch davonschweben – und zwar in mein Bett. Gute Nacht, Schwesterherz!"

Aufgabe 7:

1.) er bleibt = 3. Pers. Sg. Präsens; **3.)** sie hat = 3. Pers. Sg. Präsens; **3.)** er heißt = 3. Pers. Sg. Präsens; **4.)** er ist = 3. Pers. Sg. Präsens; **5.)** sie verstehen = 3. Pers. Sg. Präsens; **6.)** er kommt = 3. Pers. Sg. Präsens; **7.)** er weckt = 3. Pers. Sg. Präsens; **8.)** weißt du = 2. Pers. Sg. Präsens; **9.)** ich habe erlebt = 1. Pers. Sg. Perfekt; **10.)** ich habe getroffen = 1. Pers. Sg. Perfekt; **11.)** ich fand = 1. Pers. Präteritum; **12.)** wir haben getanzt = 1. Pers. Pl. Perfekt; **13.)** wir haben getrunken = 1. Pers. Pl. Perfekt; **14.)** sie hat angeboten = 3. Pers. Sg. Perfekt; **15.)** sie hat geschwärmt = 3. Pers. Sg. Perfekt; **16.)** du wirst sehen = 2. Pers. Sg Futur I; **17.)** sie wird tragen = 3. Pers. Sg. Futur I; **18.)** er wird emporschweben = 3. Pers. Sg. Futur I; **19.)** du wirst fühlen = 2. Pers. Sg. Futur I; **20.)** du wirst haben = 2. Pers. Sg. Futur I; **21.)** es wird werden = 3. Pers. Sg. Futur I; **22.)** du hast angenommen = 2. Pers. Sg. Perfekt; **23.)** ich wollte = 1. Pers. Sg. Präteritum; **24.)** ich war = 1. Pers. Sg. Präteritum; **25.)** ich hatte ausprobiert = 1. Pers. Sg. Plusquamperfekt; **26.)** ich glaube = 1. Pers. Sg. Präsens; **27.)** ich habe gehabt = 1. Pers. Sg. Plusquamperfekt; **28.)** ich habe geraucht = 1. Pers. Sg. Plusquamperfekt; **29.)** ich habe gesagt = 1. Pers. Sg. Perfekt; **30.)** ich habe geraucht = 1. Pers. Sg. Plusquamperfekt; **31.)** ich werde rauchen = 1. Pers. Sg Futur I; **32.)** ich glaube = 1. Pers. Sg. Präsens; **33.)** sie hatte gerechnet = 3. Pers. Sg. Plusquamperfekt; **34.)** sie hat sich umgedreht = 3. Pers.Sg. Perf.; **35.)** sie ist verschwunden = 3. Pers. Sg. Perf.; **36.)** sie hatte geschaut = 3. Pers. Sg. Plusquamperfekt; **37.)** ich werde davonschweben = 1. Pers. Pl. Futur I.

! **Seite 37** **Aufgabe 1:**

Heute ist der erste Schultag. Wir bekamen eine neue Klassenlehrerin. Frau Hohe ist noch sehr jung und wollte sich bei uns beliebt machen. „Ich werde euch jeden Morgen eine Frage stellen. Wenn ihr die beantworten könnt, braucht ihr alle keine Hausaufgaben zu machen." Wir waren begeistert. Aber nur, bis die erste Frage kam. „Wie viele Liter Wasser hat der Atlantik?" Ratloses Schweigen. Wer konnte denn so etwas wissen? Am nächsten Morgen: „Wie viele Schiffe sind im letzten Monat auf den Weltmeeren gefahren?" Wieder konnte das natürlich keiner beantworten.
Heute Morgen hat Ali eine Idee. Er legte ein gebrauchtes Papiertaschentuch auf das Pult.
Frau Hohe kam wie immer gut gelaunt in die Klasse. Sie sah das Taschentuch und fragte entsetzt: „Wer ist das gewesen?" Sofort sprang Ali auf und rief: „Ich! Und jetzt werden wir alle keine Hausaufgaben bekommen!!!"

Die Lösungen

! Seite 38 Aufgabe 2:

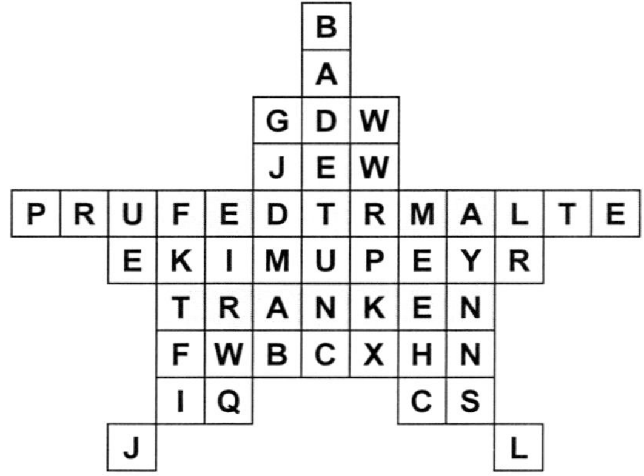

Aufgabe 3:

Verb	Präsens	Präteritum	Perfekt	Futur I
wir trinken	wir haben getrunken	wir tranken	wir hatten getrunken	wir werden trinken
er badet	er hat gebadet	er badete	er hatte gebadet	er wird baden
ich rufe	ich habe gerufen	ich rief	ich hatte gerufen	ich werde rufen
sie malt	sie hat gemalt	sie malte	sie hatte gemalt	sie wird malen

---

! Seite 39 Aufgabe 4:

a) Klaus liest ein Buch. → Präsens Aktiv. **b)** Wir aßen eine Pommes. → Präteritum Aktiv. **c)** Der Test wurde heute nicht geschrieben. → Präteritum Passiv. **d)** Peter, Sonja und Murat spielen Fußball. → Präsens Aktiv. **e)** Das Auto wird morgen repariert werden. → Futur I Passiv. **f)** Klaus wird vergeblich auf den Bus gewartet haben. → Futur II Aktiv. **g)** Die Buslinie wurde nämlich bestreikt. → Präteritum passiv. **h)** Mein Bruder hat heute Geburtstag. → Präsens Aktiv. **i)** Feiern wird er aber erst morgen. → Futur I Aktiv. **j)** Das war jetzt die letzte Aufgabe. → Präteritum Aktiv. **k)** Und – ist das schwer gewesen? → Perfekt Aktiv.

! Seite 40 Aufgabe 5:

a) Er räumte sein Zimmer auf. → 3. Pers. Sing. Präteritum – Sie räumten ihre Zimmer auf. → 3. Pers. Pl. Präteritum; **b)** Sie haben in der Eisdiele gesessen. → 3. Pers. Pl. Perfekt – Er hat in der Eisdiele gesessen → 3. Pers. Sing. Perf.; **c)** Ihr werdet die Tafel geputzt haben. → 2. Pers. Pl. Futur II – Du wirst die Tafel geputzt haben. → 2. Pers. Sg. Futur II; **d)** Ich konnte das nicht lesen. → 1. Pers. Sing. Präteritum – Wir konnten das nicht lesen. → 1. Pers.Pl. Präteritum; **e)** Er war mit dem Fahrrad gefahren. → 3. Pers. Sing. Pluaquamperfekt – Sie waren mit dem Fahrrad gefahren. → 3. Pers. Pl. Plusquamperf.; **f)** Wir werden Radio hören. → 1. Pers. Pl. Futur I – Ich werde Radio hören. → 1. Pers. Sing.Futur I; **g)** Ihr sammeltet Sportbilder. → 2. Pers. Pl. Präteritum – Du sammeltest Sportbilder. → 2. Pers. Sing.Präteritum.

Die Lösungen

! **Seite 41** **Aufgabe 6:**

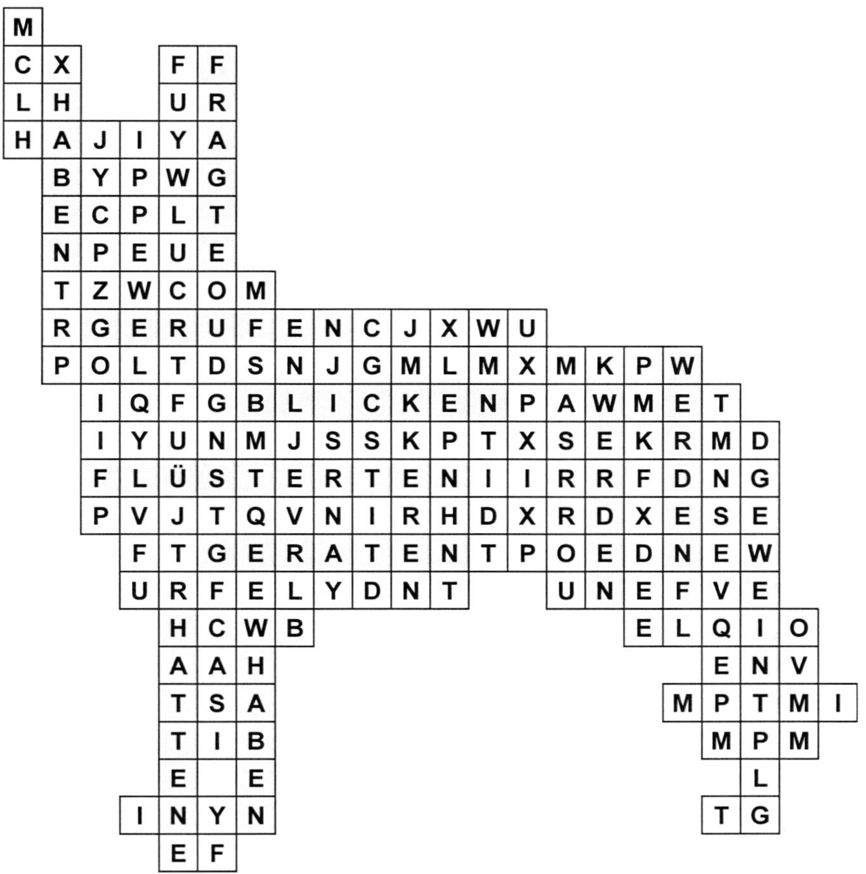

Aufgabe 7: Individuelle Lösung, z. B.:

a) Präteritum: Die Ganoven flüsterten. **b)** Präteritum: Peter fragte seinen Bruder. **c)** Perfekt: Die Eltern haben geweint. **d)** Plusquamperfekt: Sie hatten die Polizei gerufen. **e)** Futur I: Sie werden tapfer nach vorne blicken. **f)** Futur II: Wir werden richtig geraten haben.

! **Seite 42** **Aufgabe 8:** **Auswärtsspiel:** Mehmed und Sandro spielen in der Jugendmannschaft ihres Fußballvereins. Mehmed ist Torwart und Sandro gilt als ein talentierter 6er. Die beiden Jungs waren auf dem Weg zum Vereinsheim, von wo aus sie mit dem Bus zum Auswärtsspiel fahren werden. Trainer, Betreuer und 9 Mitspieler warteten bereits vor Ort. Alle sind sehr aufgeregt, denn wenn sie dieses Auswärtsspiel gewinnen, dann werden sie auch aufsteigen. Endlich trudelten auch die Letzten ein und es konnte losgehen. Der Trainer schnappt sich das Mikrofon, räuspert sich und hält dann seine obligatorische Ansprache: „Jungs, das packen wir heute! Wir werden uns nicht noch einmal so überraschen lassen wie im Hinspiel. Da hatten die uns ja förmlich überrollt. Diesmal sind wir vorbereitet! Marco – du wirst den Mittelstürmer in Manndeckung nehmen. Sandro, Jonas und Philipp: ihr macht die Räume im Mittelfeld ganz eng. Im Hinspiel hatten die da viel zu viel Platz. Ihr werdet sehen, dass denen das nicht gefallen wird. Habt ihr alles verstanden? Wir wollen gewinnen – und wir werden gewinnen! Also denn: hipp, hipp…“ – „ …hurra!!!“

a) sie spielen = 3. Pers. Pl. Präsens; **b)** er ist = 3. Pers. Sg. Präsens; **c)** er gilt = 3. Pers. Sg. Präsens; **d)** sie waren = 3. Pers. Pl. Präteritum; **e)** sie werden fahren = 3. Pers. Pl. Futur I; **f)** sie warteten= 3. Pers. Pl. Präteritum; **g)** sie sind = 3. Pers. Pl. Präsens; **h)** sie gewinnen = 3. Pers. Pl. Präsens; **i)** sie werden aufsteigen = 3. Pers. Pl. Futur I; **j)** sie trudelten ein = 3. Pers. Pl. Präteritum; **k)** es konnte = 3. Pers. Sg. Präteritum; **l)** er schnappt = 3. Pers. Sg. Präsens; **m)** er räuspert = 3. Pers. Sg. Präsens; **n)** er hält = 3. Pers. Sg. Präsens; **o)** wir packen = 1. Pers. Pl. Präsens; **p)** wir werden uns überraschen lassen = 3. Pers. Pl. Futur I; **q)** sie hatten überrollt = 3. Pers. Pl. Plusquamperfekt; **r)** wir sind = 1. Pers. Pl. Präsens; **s)** du wirst nehmen = 2. Pers. Sg. Futur I; **t)** ihr macht = 2. Pers. Pl. Präsens; **u)** sie hatten = 3. Pers. Pl. Präteritum; **v)** ihr werdet sehen = 2. Pers. Pl. Futur I; **w)** es wird gefallen = 3. Pers. Sg. Futur I; **x)** ihr habt verstanden = 2. Pers. Pl. Präsens; **y)** wir wollen = 1. Pers. Pl. Präsens; **z)** wir werden gewinnen = 1. Pers. Pl. Futur I.

Die Lösungen

! **Seite 43** **Aufgabe 9:**

Peters Favoriten: Sie sind eine feste Clique. John, Enrico, Peter, Murat, Celina und Sandra. Sie waren schon immer ein unzertrennliches Sextett. Nur wenn die Sprache auf Fußball kommt, dann sind sie sich nicht einig. Celina, Sandra und John halten zu den Blauen, Murat und Enrico jedoch zu den Roten. Und Peter findet Fußball blöd.
Es ist kurz vor Beginn der neuen Saison, als sie mal wieder zusammensitzen. „Ihr werdet sehen, dass ihr in dieser Saison keine Schnitte gegen uns bekommen werdet", tönt John. „Quatsch", entgegnet Murat. „Ihr werdet schon bei der 1. Begegnung eine deftige Niederlage kassiert haben. Und beim Rückspiel werdet ihr heulend feststellen, dass ihr ein zweites Mal keine Chance gehabt haben werdet." „Wie soll das denn gehen? Beim letzten Treffen habt ihr doch gegen uns ganz alt ausgesehen. Wer hatte denn 0:2 verloren?", fragt Celina.
So geht es eine Weile hin und her. Da meldet sich Peter zu Wort: „Von euren Vereinen wird keiner Meister werden. Meine absoluten Favoriten sind in diesem Jahr die Braun-Weißen." Die anderen gucken sich erstaunt an. Peter und Fußball? „Wer sind denn die Braun-Weißen?", fragt Sandra ungläubig. „Das werde ich euch erst sagen, wenn ihr mir ein großes Eis spendiert habt." Peter bekommt wunschgemäß 3 Kugeln Schoko und 3 Kugeln Zitroneneis. Nachdem er alles genüsslich verzehrt hatte, lehnte er sich zurück und grinste: „Seht ihr – das waren die Braun-Weißen – und das sind eben meine absoluten Favoriten…"

★ **Seite 44** **Aufgabe 1:**

Individuelle Lösung, z. B.: a) Morgen werden wir einen Test schreiben. **b)** Gestern sind wir ins Kino gegangen. **c)** Letzten Montag hatte er Geburtstag gefeiert. **d)** Im letzten Jahr habe ich die Klasse wiederholt. **e)** Nächste Woche werde ich zum Arzt gegangen sein.

★ **Seite 45** **Aufgabe 2:**

a) ging, bin gegangen, war gegangen; **b)** beschreibt, beschrieb, hat beschrieben; **c)** kann, konnte, hat gekonnt; **d)** geben, gab, hat gegeben.

Aufgabe 3:

Die Zeiten: Wir werden in der 1. Stunde Deutsch haben. Herr Koch, unser Deutschlehrer, wird mal wieder zu spät kommen. Er wird sich aber nicht entschuldigen sondern wird nur kommandieren: „Hefte raus! Wir werden die Zeiten wiederholen." Präsens und Präteritum werden heute dran sein. Puh – ganz schön kompliziert! Herr Koch wird es mit einem Beispiel versuchen: „Wenn ich sagen werde: Ich bin ein schöner Mann! Welche Zeit wird das dann sein?" Manuela wird sich melden. „Herr Koch, das ist ganz eindeutig Vergangenheit…"

★ **Seite 46** **Aufgabe 4:**

Auswärtsspiel: Mehmed und Sandro spielen in der Jugendmannschaft ihres Fußballvereins. Mehmed ist Torwart und Sandro gilt als ein talentierter 6er. Die beiden Jungs waren auf dem Weg zum Vereinsheim, von wo aus sie mit dem Bus zum Auswärtsspiel fahren werden. Trainer, Betreuer und 9 Mitspieler warteten bereits vor Ort. Alle sind sehr aufgeregt, denn wenn sie dieses Auswärtsspiel gewinnen, dann werden sie auch aufsteigen. Endlich trudelten auch die Letzten ein und es konnte losgehen. Der Trainer schnappt sich das Mikrofon, räuspert sich und hält dann seine obligatorische Ansprache: „Jungs, das packen wir heute! Wir werden uns nicht noch einmal so überraschen lassen wie im Hinspiel. Da hatten die uns ja förmlich überrollt. Diesmal sind wir vorbereitet! Marco – du wirst den Mittelstürmer in Manndeckung nehmen. Sandro, Jonas und Philipp: ihr macht die Räume im Mittelfeld ganz eng. Im Hinspiel hatten die da viel zu viel Platz. Ihr werdet sehen, dass denen das nicht gefallen wird. Habt ihr alles verstanden? Wir wollen gewinnen – und wir werden gewinnen! Also denn: hipp, hipp…" – „ …hurra!!!"

★ **Seite 47** **Aufgabe 5:**

Präteritum: Natascha hatte einen Bruder. Er hieß Tom und war bereits 19. Trotzdem verstanden sich die beiden unheimlich gut. Eines Morgens kam Tom von einer Party nach Hause und weckte seine Schwester. *Plusquamperfekt:* „Tascha, ich hatte heute Nacht etwas Ungewöhnliches erlebt. Ich hatte ein Mädel getroffen, das ich richtig süß gefunden hatte. Wir hatten viel getanzt und getrunken. Und dann hatte sie mir einen Joint angeboten. Sie hatte richtig davon geschwärmt: *Futur II:* „Du wirst ganz viele, schöne Farben gesehen haben. Musik wird dich wie auf Flügeln in den Himmel getragen haben. Dein Geist wird emporgeschwebt sein und du wirst dich frei und glücklich gefühlt haben. Du wirst keine Sorgen mehr gehabt haben. Alles wird gut geworden sein."

★ **Seite 48** **Aufgabe 6:**

Zeit	Verbkonjugationen
Präsens	ich glaube
Perfekt	du hast angenommen – ich habe ausprobiert – sie hat sich umgedreht – sie ist verschwunden
Präteritum	ich wollte – ich war
Plusquamperfekt	sie hatte gerechnet – sie hatte geschaut
Futur I	sie wird sein – ich werde sie treffen – ich werde davonschweben
Futur II	sie wird gegangen sein – sie wird geraucht haben – sie wird entschwebt sein

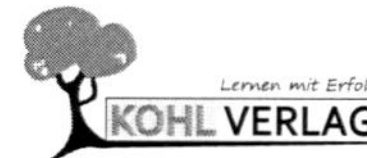